싸우쓰 꼬레아에서 왔어요

싸우쓰 꼬레아에서 왔어요

초판 발행 2012년 4월 16일

글·사진 | 김현미

발행인 | 권오현 부사장 | 임춘실
기획 | 이헌석 편집 | 김가영·김설아·김혜숙 디자인 | 안수진
마케팅 | 김영훈·강동근

펴낸곳 | 돌을새김
주소 | 서울시 종로구 이화동 27-2 부광빌딩 402호
전화 | 02-745-1854~5 팩스 | 02-745-1856
홈페이지 | http://blog.naver.com/doduls 전자우편 | doduls@naver.com
등록 | 1997.12.15. 제300-1997-140호
인쇄 | 금강인쇄(주)(02-852-1051) 용지 | 신승지류유통(주)(02-2270-4900)

ISBN 978-89-6167-089-0 (13980)
Copyright ⓒ 2012, 김현미

값 15,000원

*잘못된 책은 구입하신 서점에서 바꿔드립니다.
*이 책의 출판권은 도서출판 돌을새김에 있습니다. 돌을새김의 서면 승인 없는 무단 전재 및 복제를 금합니다.

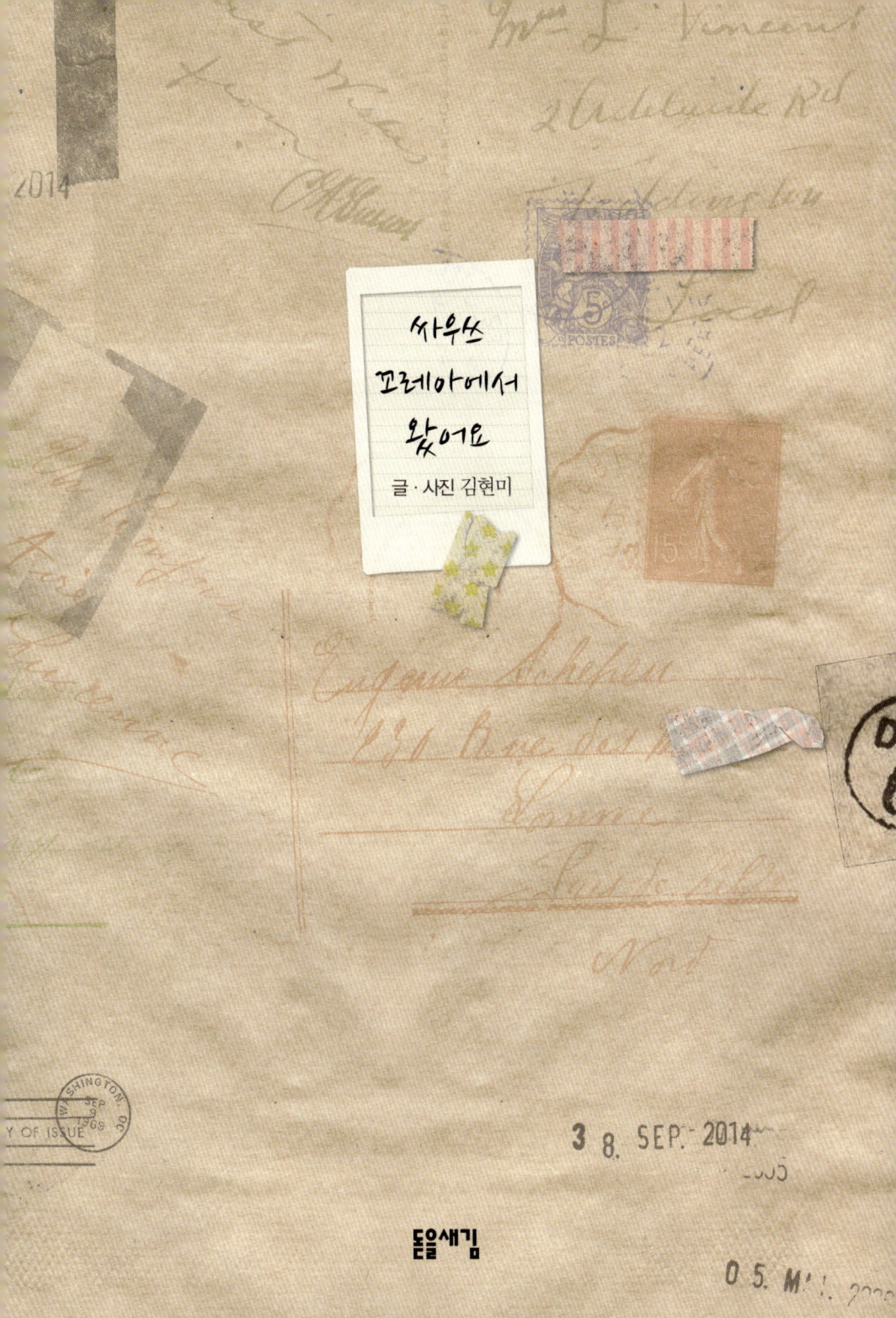

왜 혼자 여행하세요?

혼자 여행하는 것은 오래전부터 제 꿈이었거든요.
그리고 지금, 그 꿈을 이루는 중이에요.

프롤로그

지난 2010년 여름, 나는 5킬로그램짜리 배낭 하나를 둘러메고 홀로 머나먼 타지로 여행을 나섰다. 짧다면 짧고 길다면 긴 50일 일정으로 발칸반도 위주의 동유럽과 터키 서부 일대를 돌아다녔다.

왜 하필 '발칸반도'와 '터키'인가? 사실 특별한 이유는 없었다. 여행을 떠날 시기를 결정했을 때, 마침 이스탄불 인아웃 항공권이 저렴하게 나왔던 게 이유라면 이유일까? 오로지 '혼자' 떠나고 싶은 생각뿐이었다. 혼자 낯선 곳으로 떠나는 여행은 오래전부터 내가 꿈꾸던 것이었기 때문에.

항공권을 결제하고 나서부터 발칸반도와 터키에 관한 책을 사서 읽고, 영화를 보기 시작했다. 그러나 그것도 고작 '한 달'뿐이었다. 매일 과제에 시달리느라 그 이후에는 거의 준비를 하지 못했다. 출국이 5일 앞으로 다가왔을 때, 그때야 비로소 여행을 떠난다는 것을 실감했다. 아무런 준비도 없이. 머리가 텅 빈 느낌이었다.

'별다른 이유도 없는 그저 그런 여행인거야?'라고 묻는다면, 한 가지 변명을 하고 싶다. 적어도 내가 원하는 여행이 무엇인지 정도는 그려보았다고. 그것은 바로 '어디서 무엇을 보다'가 아니라 '누군가와 함께하다'였다. 여행 미션 중의 하나가 '하루에 친구 한 명 이상 사귀기'였으니, 어딜 가나 내 관심의 대상은 '장소'가 아닌 '사람'이 우선이었다. 뻔히 지도에 나와 있는 길도 일부러 물어서 한마디 더 하려고 했고, 무리 지어 온 사람들에게 다가가 다짜고짜 나 혼자 왔다며 말을 붙이는 게 일상이었다. 따라서 사람들을 만나며 나눴던 대화가 이 여행기의 절반을 차지한다고 해도 과언이 아니다.

누군가는 사진 한 장에 꽂혀서, 누군가는 직장을 때려치우고서, 누군가는 자유를 찾아서 여행을 떠난다고 한다. 하지만 거창한 목표도 없고, '혼자 떠나고 싶어' 간 이 여행에서 독자들이 과연 무엇을 얻을 수 있을까 생각하니 한없이 작아진다. 한 가지 바람이 있다면 '한 개인'이 여행을 통해 변화하는 모습, 그리고 그 의미를 찾아가는 모습을 보아주었으면 하는 것이다. 솔직하고 가감 없이 써 내려간 시시콜콜한 이야기들을, 몹쓸 상상력을 발휘해 혼자 주절주절대던 생각들을, 겁도 없이 무작정 행동부터 하고 보는 이 '동양인 여자'를, 부디 엄격한 잣대를 두지 않고 봐주길 바랄 뿐이다.

차례 Contents

프롤로그　　　　　　　　　　　　　　006

첫날부터 로맨스?　　　　　　　　　　014
Istanbul, TURKEY

플로브디프, 날 능욕했겠다!　　　　　026
Plovdiv, BULGARIA

골톤과 매를린, 너희들이 좋아　　　　034
Veliko Tarnovo, BULGARIA

내 차로 갈까, 아가씨?　　　　　　　　042
Bucuresti, RUMANIA

내가 생각하던 동유럽이 이곳에 있었다　050
Brasov, RUMANIA

생각지도 못한 선물, 생각지도 못한 사람들　060
Sighisoara, RUMANIA

반초, 이제 제발 그만!　　　　　　　　076
Beograd, SERBIA

300유로를 내라구요???　　　　　　　084
Novi Sad, SERBIA

그 여자가 잠자는 법　　　　　　　　　　092
Budapest, HUNGARY

히치하이킹 해보셨나요?　　　　　　　　102
Prague, CZECH

다섯 시간의 수다　　　　　　　　　　　112
Zagreb, CROATIA

지구 상에 이런 곳이 존재한다니!　　　　120
Plitvicka jezera, CROATIA

내 생각을 완전히 부숴버린 사라예보　　126
Sarajevo, BOSNIA HERZEGOVINA

사라예보에서의 그 여운 그대로……　　134
Mostar, BOSNIA HERZEGOVINA

바람맞힌 그녀가 이곳에?　　　　　　　140
Dubrovnik, CROATIA

대체 여기가 호수야, 바다야?　　　　　　150
Kotor, MONTENEGRO

무서운 나라라고 들었는데　　　　　　　158
Tirana, ALBANIA

이대로 팔려가는 줄 알았지   168
Kruja, ALBANIA

그를 모르는 사람은 아무도 없었다   180
Ohrid, MACEDONIA

다시 만난 반초   194
Skopje, MACEDONIA

하나, 둘, 세트   204
Meteora, GREECE

소크라테스도 이 길을 밟았겠지   214
Athens, GREECE

집 나간 정신을 찾습니다   222
Santorini, GREECE

나, 터키에서 호미질 한 여자야   242
Cappadocia, TURKEY

거침없이 메르하바   250
Cappadocia, TURKEY

마음을 치유하는 곳   258
Cappadocia, TURKEY

까짓 거 결혼해줄게 266
Amasya, TURKEY

이왕 온 김에 흑해까지 278
Safranbolu, TURKEY

이스탄불에서 '자' 서방 찾기 288
Istanbul, TURKEY

또 봐요, 모두들! 302
Istanbul, TURKEY

공항에서 비트박스를 312
Istanbul, TURKEY

에필로그 320

팁 총정리 321

첫째, 혼자 떠나기
둘째, 사람 만나기

50일간의 여행 시작!

첫날부터 로맨스?
Istanbul, TURKEY

잠깐, 일단 숨부터 좀 골라야겠다. 자다 깨다를 반복하느라 제정신이 아닌 터라, 내가 지금 터키에 온 게 맞는지, 터키 땅을 제대로 밟고 있는 건지 잘 모르겠다. 어제 인천공항에서 모스크바까지 9시간여를 날아가, 무려 15시간 30분을 대기한 뒤, 다시 3시간을 날아서야 이스탄불에 도착할 수 있었다. 모스크바공항에서 대기하고 있었던 15시간 30분은 말이 '대기'지 거의 '노숙'과 다름없었다. 찝찝한 기분에 샤워를 하고 싶은데 어디 할 만한 데 없나……?

　그때 눈에 띈 건 다름아닌 공중화장실. 누가 있나 없나 요리조리 살피다가 재빠르게 화장실 세면대에서 머리를 박고 물을 틀었다. 아으, 시원해. 그나저나 이 곱슬머리가 뻗치는 걸 방지하려면 머리를 말려야 하는데…… 어, 저기 핸드드라이기가 보인다! 신이시여, 축축하게 젖어 있는 이 몹쓸 머리카락을 저 핸드드라이기에 맡겨도 되겠습니까? 나는 고개를 처박고 머리카락을 말리기 시작했다. 곧이어 전해오는 뒷목의 뻣뻣한 통증! 정말이지 고개가 부러지는 줄 알았네. 이러다가 여행 시작도 전에 목 디스크에 걸리는 거 아냐? 끔찍하다, 끔찍해!

　그렇게 우여곡절 끝에 도착한 터키. 이스탄불은 이번 여행의 첫 도시이자 마지막 도시이다. 오늘 밤 바로 불가리아로 건너가서 발칸반도를 여행한 다음 한국으로 돌아가기 전 마지막으로 이곳에 다시 돌아올 것이다. 본격적인

이스탄불 구경은 다음 달로 미루기로 하고, 오늘은 가볍게 분위기만 느껴보기로 할까? 조금 전까지만 해도 여기가 외국이라는 느낌이 들지 않았는데, 이렇게 모스크가 올려다보이는 곳에 있으니 이제야 비로소 실감이 나려 한다. 낯선 거리, 낯선 생김새, 낯선 말들.

그래, 여기는 이스탄불이야! 나는 지금 이스탄불에 있다구!

서서히 마음이 들뜨기 시작한다. 술탄 아흐메트 지구에서 좀 쉬다가 갈라타 대교 쪽으로 사부작사부작 걸어보기로 했다. 터키 가이드북은 가져오지도 않았기 때문에 그냥 지도를 보면서 대충 발길 닿는 대로 걸었다. 길이 보이면 걷고, 없으면 돌아가고. 계속 가니 웬 바다가 펼쳐지는 것이 심상치 않다. 여기가 바로 말로만 듣던 에미뇨뉴(항구)! 배들도 많고 사람도 많고, 고개를 들어 왼쪽을 보니 예니자미(이슬람 사원)도 보인다.

하아, 그래. 여기는 이스탄불이야! 이스탄불!

설레는 마음을 가득 안고 한층 업된 기분으로 룰루랄라 걸어보는 거다!

곧바로 눈앞에 시원하게 뻗어있는 '갈라타 대교'로 향했다. 그런데 내가 지나가니 이상하게도 다들 나를 한 번씩 쳐다본다. 아, 맞다. 여기 외국이었지? 또 깜빡하고 말았네.

이제 막 서울로 올라온 촌년처럼 입을 '쩍' 하니 벌리고는 시내를 구경하기 시작했다. 햇빛이 반사되어 반짝거리는 바다, 그 위에 떠 있는 유람선, 하늘을 날고 있는 통통한 갈매기……. 한국에서 보면 별거 아닌 풍경도 여행와서 보면 죄다 특별하게 느껴진다.

갈라타 대교 위에는 낚시하는 사람들로 가득가득했다. 뭘 잡았는지 궁금하지도 않으면서 괜히 낚시통을 들여다보기도 하고 낚시하는 사람들 사이를 얼쩡거리다가 '자포'라는 터키 남자를 만났다. 그는 그랜드 바자르(이스탄불에서 가장 규모가 큰 시장)에서 짝퉁 가방을 판매하고 있는데, 3일 휴가를 받아서 조카와 함께 낚시하러 왔단다. 나는 그와 이런저런 얘기를 나누기 시작했다.

"킴! 터키 사람들은 나빠요."

"왜요?"

"여행객들을 돈으로 보고 많이 뜯어먹으려 하거든요."

응? 터키 사람들 좋다는 말은 많이 들어봤어도 이건 또 무슨 소리? 시장에서 장사를 해서 그런가? 여하튼 나한테 조심하란다, 투르키쉬를.

"저 다음 달에 이스탄불 다시 올 거예요."

"정말요?"

"네, 한 5~6일 머물 예정이에요."

"그럼 나한테 꼭 연락해요. 이스탄불 구경시켜줄게요."

그러곤 부스럭거리며 봉지를 꺼내더니 내게 하나 먹어보라고 뭔가를 권한다. 견과류였다. 터키에서는 낯선 사람이 주는 음식은 절대 먹지 말라고 했는데 이걸 먹어야 하나 말아야 하나. 설마 여기에 약이라도 탄 건 아니겠지? 의심 가득한 눈초리로 자포가 먼저 먹을 때까지 기다렸다가 그가 한입 하는 걸 보고 나서야 나도 몇 개 집어먹었다. 오호, 색다른 맛인걸? 갑자기 그의 귀

자포

자포의 조카

고등어케밥을 파는 배. 가만히 서있기 힘들 정도로 흔들거리는 배 안에서 '아무렇지 않게' 일하던 사람들이 인상적이다.

에 대고 단소로 '세령산'을 멋들어지게 불러주고 싶은 충동을 강하게 느꼈다. 아쉽다. 아쉬워! 집에 두고 온 내 단소! (여행 떠나기 전 '단소'를 가져가 사람들에게 들려주려 했으나, 그만 깜박 잊고 챙겨오지 못했다.)

그렇게 다리 위에서 선 채로 대략 한 시간 정도 얘기를 나누었다. 낯선 이방인인 나에게 관심을 보이고 친절을 베풀려는 자포를 보면서 '흐뭇'해졌다. (흐뭇하다니, 이건 뭐 변태도 아니고······.) 이윽고 그와 헤어져야 할 시간. 그는 내 휴대폰을 가져가더니 자기 번호를 꾹꾹 눌렀다.

"꼭 연락해요. 킴!"

"자포, 고마워요."

나중에 다시 이스탄불에 왔을 때 자포와 만날 수 있을까? 기대를 뒤로 하고 바다 쪽으로 걸어나가는데, 저건 또 뭐지? 저기 앞에, 보기만 해도 멀미가 날 정도로 요동치는 배 세 척이 보인다.

다가가 보니 그 배는 이스탄불의 명물인 '발특 에크멕(고등어케밥)'을 파는 곳이었다.

"이거 하나 주세요."

주문을 하자 잘생긴 직원이 널따란 철판에 잘 손질해놓은 고등어를 쫙 펼쳐놓고, 이리 굽고 저리 굽고 하더니 고등어 한 덩이를 빵 사이에 끼워 넣는다. 그리고 갖가지 채소를 채워 넣고 내게 건네준다. 고등어케밥은

퍽퍽해 보이는 모양새와는 달리
비릿하지도 않고 담백한 고등어케밥

말 그대로 빵 사이에 구운 고등어를 넣은 음식. 사람에 따라 '괴식'이라며 거부하는 사람도 있지만, 생선을 좋아하는 나로선 몹시 기대 중이다. 고등어케밥을 받아들고 부푼 마음으로 자리 하나를 차지하고 앉았더니, 갑자기 어떤 사람이 다가온다.

"여기 자리 있어요!"

"아…… 예…….'

그래서 쫓겨났다. 다른 의자들도 이미 만석이라 결국 앞에 보이는 돌계단에 쪼그려 앉아 먹을 수밖에 없었다. 입을 크게 벌리고 덥썩 한입 무는데 음, 왜 어디선가 먹어본 듯한 맛이 나지? 상상했던 맛과 별 차이가 없어 실망할 뻔했는데 신기하게도 먹을수록 점점 더 맛있어진다.

고등어케밥을 다 먹고 난 후 갈라타 대교를 어슬렁어슬렁대다가 술탄 아흐메트 근처에 있는 히포드롬으로 건너왔다. 본래 이곳은 검투경기장과 마차경기장으로 사용됐으며 세 가지 형태의 오벨리스크로 유명하다고는 하나, 피곤해 죽겠는데 그런 게 눈에 들어올 리 없다. 그때 저 앞에 벤치가 보였다. 빛의 속도로 전력질주해 자리를 잡고 앉았다. 양반다리를 했다가 두 다리를 쭉 폈

다가, 아주 그냥 여기서 국민체조를 할 기세다. 그나저나 날씨는 구워삶아 먹을 듯이 덥고, 공항에서 노숙한 탓에 몸은 처지고, 목은 또 바짝바짝 말라서 타들어가고……. 무릎까지 내려온 다크서클과 퀭한 눈이 내 정신을 더 혼미하게 만드는 것 같다. 안 되겠다. 자리를 박차고 일어나 시원한 주스를 파는 가게를 찾아 나섰다.

그런 도중 '일리코'를 만나게 됐다. 말을 걸까 말까 고민하던 차에 먼저 말을 걸어온 잘생긴 투르키쉬. 스물세 살인 그는 카파도키아에 있는 대학에서 투어 가이드를 전공하고 있단다. 아니 그런데, 이게 웬일이야! 처음 보자마자 내게 대뜸 오렌지주스를 사주겠다고 한다. 어라? 지금 나한테 작업 거는 건가? 첫날부터 로맨스?!

일리코가 사준 오렌지주스를 들고 다섯 살 먹은 어린아이처럼 해맑은 표정으로 그의 옆에 서서 나란히 걸었다. 건너편을 바라보니 예니자미가 불빛에 반짝거리며 예쁘게 빛나고 있기에 그에게 어서 안으로 들어가자고 말했다. 이제 누…… 누나가 리드해도 되는 거지? 점점 미쳐가는구나!

신발을 벗고 히잡을 쓰니 '오 알라신이시여!'를 한 번 외쳐야 할 것 같았다. 예니자미 밖에는 좌판이 쭉 늘어서 있었는데, 갑자기 일리코가 큐빅이 박힌 핀을 집고서는 내게 선물이라며 준다.

"나를 잊지 마요. 킴!"

감동은 일단 뒤로하고 이쯤 되니 이 녀석, 정체가 뭔가 싶었다. 아까 오렌지주스도 그렇고, 갑자기 선물까지 들이밀다니. 이번에는 자미(모스크) 앞에서 사진을 찍는데 갑자기 내 허

일리코

리에 손을 두른다. 어라? 이건 혹시 말로만 듣던 투르키쉬의 서, 서…… 성추행? 왜냐하면, 이 슬람 문화권에서는 다 큰 성인남녀가 이런 행동을 한다는 것은 상상조차 할 수 없는 일이기 때문이다. 심지어 이곳은 남녀가 버스에서 나란히 앉는 것도 못하게 하는 곳이란 말이다! 이번에는 또 어찌나 내 옆에 바짝 앉던지! 그러면서 내 눈이 예쁘다고 "뷰티풀"을 외쳐댄다. 으응? 뷰티풀이라구? 으하하하. 방금 성추행 어쩌고 한 말, 취소다 취소!

한국 노래가 궁금하다는 일리코의 말에 사이좋게 이어폰을 한쪽씩 나눠 끼고 고막의 진동을 느끼며 한참 음악에 빠져 있는데, 일리코가 심각한 표정으로 입을 연다.

"킴, 오늘 밤 불가리아에 가지 말아요."
"……네?"

"내일 저 쉬는 날이거든요. 같이 놀아요."

으으, 이 잘생긴 투르키쉬가 아까는 작업성 멘트를 날리며 정신없이 나를 흔들어 놓더니 이제는 가지 말라고 붙잡는다. 이 누나 정신 못 차리겠네!

"다음 달에 다시 이스탄불에 올게요."

"다음 달이요? 그럼 꼭 만나요. 우리 집에 초대할게요."

"지, 집으로요?"

"네. 아빠, 엄마, 동생들한테 킴을 인사시켜주고 싶군요."

하아, 이러다가 터키에서 프러포즈 받을 기세.

"근데 킴, 혹시 남자친구 있나요?"

드디어 기다리고 기다리던 질문이 나온다. 슬슬 본색(?)을 드러내는 일리코. 그가 너무 들이대서 그만 남자친구가 있다고 거짓말을 해버렸다. 내 맘대

로 가상의 남자친구를 설정하고 머리 굴리느라 아주 그냥 혼났다. 내 대답을 들고 나서는 표정이 점점 굳어지는 일리코. 더불어 밀수도 확 줄어든다.

"이제 오토갈(버스터미널)로 가서 불가리아 가는 버스를 타야겠어요."

"트램바이(전철)역까지 데려다줄게요."

그러더니 자기가 가진 제톤(이스탄불 토큰)을 준다. 작업은 어설펐지만 끝까지 친절한 일리코. 트램바이 문이 굳게 닫히고 떠나는 순간까지 일리코는 나를 향해 손을 흔들었다. 그렇게 이스탄불에서의 로맨스(?)는 끝나고 말았다.

플로브디프, 날 능욕했겠다!
Plovdiv, BULGARIA

"이봐요, 일어나요!"

아까도 깨우더니 이번엔 또 왜!

이스탄불에서 불가리아 플로브디프로 건너오는 야간버스는 그야말로 '헉' 소리가 났다. 깊이 잠들려 하면 자꾸 누가 깨우곤 했기 때문이다. 비몽사몽인 채로 좀비처럼 내렸다 탔다를 반복하는데, 아주 그냥 정신이 없었다. 이번에 내린 이유는 여권에 스탬프를 찍기 위해서였다. 출입국관리자는 내 얼굴과 여권을 번갈아 보며 한참을 뚫어져라 쳐다보더니, 심각한 표정으로 입을 열었다.

"옆으로 빠져 있어!"

뭐? 빠져 있으라구? 설마, 이게 말로만 듣던 입국거부? 신여권이라 난 바로 통과할 거라고 생각했었는데……. 아저씨 대체 내가 뭘 잘못했냐구요!

한참 동안 넋 빠진 얼굴로 다시 터키로 돌아가야 하는 건 아닌가, 정말 일리코랑 살림이라도 차려야 하나 정말 오만가지 걱정을 하고 있던 찰나, 누군가 손에 무얼 들고 나타났다. 여권이었다. 우여곡절 끝에 무사히 통과하긴 했지만 기분이 좋을 리 없다. 윽, 순탄치 않은 시작이다.

어느덧 시각은 새벽 4시가 훌쩍 넘어 있었다. 눈은 반쯤 풀려가고 정신이 혼미해질 때쯤 플로브디프 터미널에 내렸다. 하품을 쩌억쩍하며 게슴츠레한 눈으로 터미널을 쭈욱 한 번 훑어보는데, 불가리아 제2의 도시라는 명칭이 무색할 만큼 매우 작았다. 터미널을 빠져나와 지도를 대충 한번 쓱 본 다음 오로지 느낌에 의지해 숙소로 향했다. 그런데 가도 가도 보이지 않는다. 오가는 사람들한테 물어도 돌아오는 대답은 모두 "@#%#$%@^@$#@!#$!#%!"였다.

대체 뭐라고 하는 거지? 다들 불가리아어만 할 뿐 영어를 할 줄 아는 사람은 한 명도 보이지 않았다. 그때 어디선가 들리는 목소리.

"메이 아이 헬퓨?"

오, 대체 이 신성한 울림통의 주인은 누구란 말인가! 뒤를 돌아보니 턱에 연한 수염이 난 남자가 나를 보며 서 있었다. 정말 한 줄기 빛을 본 순간이었다. 그러나 기쁨도 잠시뿐, 이 사람 발걸음이 너무 빠르다. '이봐요! 나는 배낭을 들쳐 메고 있다구요!' 게다가 알고보니 그 역시 불가리아어만 할 뿐 영어는 모르는 듯했다. 어깨는 점점 더 아파오고 이런 친절 고마워해야 할지 울어야 할

지금은 국경 통과 중

소피아 길거리를 누비는 트램

플로브디프 거리엔 재밌는 동상들이 많다.

지. 이렇게 따라가다가는 불가리아 응급실에 '배낭 메고 걷다 최초로 실려 온 한국 여행객'으로 크게 신문에 날지도 모른다.

마른침만 계속 삼켜대다 도저히 안 되겠다 싶어서 나 혼자 가겠다고 말하고는 그와 헤어졌다. 너무 힘들어서 그 자리에 앉아서 쉬는데 그것도 고작 5분. 머릿속에는 당장 숙소에 가서 씻고 싶다는 생각밖에 들지 않는다. 그런데 쉽게 찾을 줄 알았던 숙소는 가도 가도 보이질 않는다. 오우 마이 가아앗! 에잇, 몰라. 그냥 이렇게 계속 걷다 보면 나오겠지.

무쇠로 만든 두 다리 믿고 한참을 걸어보지만, 시간이 흘러도 숙소는 보이질 않고, "Excuse me!" 하고 다가가면 다들 외면하느라 바쁘다. 그나마 받아주는 사람도 불가리아어로만 대답할 뿐. 한 스무 명한테 물어봤나? 답답해 미칠 지경이다. 그렇게 인상 팍 쓰고 무려 4시간이나 혼자 돌아다녀야 했다. 이건 대체 여행하러 온 건지 행군하러 온 건지. 게다가 이젠 발에 물집까지

네벳테페 잔해 너머로 보이는 올드타운

잡혔다. 으악, 최악이다. 이 나이에 땅바닥에 앉아 울 수도 없고, 정말 미칠 노릇이다.

허공에 대고 한참 넋두리를 하다가 한 여행객을 만났다. 그가 설명해준 방향으로 조금 더 가니 숙소가 보이는 것 아닌가. 어찌나 허무하던지…….

간단히 체크인을 하고 오른발에 잡힌 물집 때문에 다리를 절뚝거리며 나왔다. 지도를 보는데 가장 먼저 눈에 띈 건 바로 드주마야 모스크. 15세기에 지어졌다는 이 이슬람 사원은, 발칸반도에서 가장 오래된 모스크 중 하나라고 한다. 구경하려고 내부에 들어갔다가 흠칫했다. 조명은 꺼져 있지, 사람은 아무도 없지, 으스스한 귀곡산장 같은 분위기였다. 갑자기 구경할 마음이 싹 달아나 발길을 돌려버렸다.

그 길로 향한 건 로마시대의 원형경기장. 경기장 주변은 철장과 카페로 둘러싸여 있었다. 초라하게 남은 옛 로마제국의 흔적들. 주변의 카페와 무대 중앙을 차지한 스피커, 금방이라도 쓰러질 것 같은 기둥들은 한눈에 봐도 어울

로마시대의 원형경기장. 2세기에 건축된 이곳에서는 현재 오페라, 콘서트 공연이 정기적으로 열린다.

리지 않았다. 어딘가 모르게 마음 한구석이 씁쓸해져왔다.

다시 질질질 다리를 끌며 향한 곳은 올드타운을 한눈에 내려다볼 수 있다는 네벳테페. 네벳테페는 과거 요새로 쓰였던 곳으로, 지금은 돌과 잔해밖에 남아 있지 않아 황량하고 쓸쓸해 보였다. 언덕에 올라시 올드타운을 내려다보며 고풍스러운 분위기에 한껏 녹아들고 있는데 으윽, 쓰려. 물집 잡힌 발이 자꾸 나를 괴롭힌다. 더 이상 견디지 못하고 숙소로 발걸음을 재촉했다.

침대에 누워 있으니 오전 내내 고생한 것이 또 떠올랐다. 으으, 플로브디프! 날 능욕했겠다! 이를 부드득부드득 갈고 있는데, 처음 보는 여자 둘이 방 안으로 들어온다.

"안녕, 너흰 어디서 왔어?"

"우린 호주에서 왔어."

고등학교 영문학 교사인 이벳과 그녀의 친구 로라는 1년 동안 여행하는 중이라고 했다. 이 친구들과 한참 방에서 노닥거리다가 '가나 vs 우루과이' 월드

컵 경기를 보러 밖으로 나갔다. 광장의 한 호프집 노천 테이블에 자리를 잡고 불가리아산 맥주 '자고르카'를 시켰다. 가격을 보니 3,000cc 피처 하나에 단돈 5레바. 우리나라 돈으로 3,800원 정도. 이 무슨 눈물 솟구칠 정도로 아름다운 가격이란 말인가!

난 갑자기 그녀들에게 궁금한 것이 생겼다.

"혹시 이곳 여행하면서 사람들이 너희 쳐다볼 때 있었어?"

"아니. 전혀."

"그렇구나. 나는 사람들이 많이 쳐다보는 것 같아."

"아마 그럴 거야. 우리는 오히려 아시아에서 그랬어."

"아시아?"

"응, 정확히는 인도."

그러더니 이벳이 재밌는 얘기를 하나 해줬다.

"있잖아, 인도 여행할 때는 사람들이 와서 내 머리도 만져보고 얼굴도 문질러보곤 했어."

"엥? 얼굴은 왜?"

"인도 사람들은 자기들 피부가 까무잡잡한 게 잘 씻지 않아서라고 생각하기 때문이래."

그 말에 나도 한마디 거들었다.

"한국에선 할머니들이, 서양인이 옆에 지나가면 코를 만져보는 분들이 가끔 있어."

이벳과 로라

"왜?"

"코가 높으니까!"

"하하하. 한국 할머니들 귀여우시다."

한참 축구를 보던 나는, 이벳과 로라가 어느 팀을 응원하는지 궁금해졌다.

"둘 중에 누가 이기길 바라는 거야?"

"가나!"

이유가 궁금해서 물어보니, 아프리카 대륙은 본선진출 티켓을 많이 못 가져가기 때문이란다. 그나저나 이제 겨우 두 잔밖에 마시지 않았는데 서서히 취기가 올라온다. 야간 이동에다 오래 걸었더니 피곤해서인가? 아아, 감기는 눈을 주체하기 어렵다. 이러다 맥주잔에 코 박고 게거품 물다 쓰러지게 생겼네. 곧 있으면 후반전이 끝날 것 같아 기뻐하고 있었는데, 으악! 연장전을 한단다! 정말 도저히, 도저히 피곤해서 안 되겠다. 애들아 미안해, 먼저 일어날게!

골톤과 매를린, 너희들이 좋아
Veliko Tarnovo, BULGARIA

이번 목적지는 지난 300년간 불가리아의 수도였던 벨리코 투르노보. 버스스테이션에서 벨리코 투르노보행 가격을 확인하고 있는데 일등석, 이등석이란 글자가 보인다. 버스도 그런 구분이 있나? 재밌네. 그런데 가격이 생각했던 것보다 비싸다. 이상하네? 주위를 둘러보니, 오 마이 갓. 여기는 기차역이었다. 버스스테이션은 바로 그 옆이었던 것. 나란 여자, 눈 따위는 그저 옵션으로 달고 다니는 여자…….

이번에는 제대로 가서 벨리코 투르노보행 티켓을 끊었다. 그런데 창구 아주머니께서 갑자기 "싸우쓰 꼬레아에서 왔어요?" 하고 반갑게 물으신다. 어? 어찌 아셨지? 한국에서 뽑아온 프린트에 적힌 한글을 보고 아셨나?

"내 딸이 한국어를 공부해요."

"정말요? 반가워요!"

그러고는 내가 아는 불가리아어를 전부 동원해 아주머니 앞에서 재롱을 떨었다. 그래봤자 내가 아는 단어라곤 '블라고다랴(감사합니다)' '다(네)' '챠우(잘가)' 이 세 개뿐. 그래도 아주머니는 무척 좋아하셨다.

3시간 20여 분을 달려 벨리코 투르노보의 어느 한 터미널에 도착. 물어물어 숙소에 도착해 환전을 하고 난 뒤 슬슬 시내를 구경하기 시작했다. 바닥에 깔린 돌과 이끼, 풀을 보아하니 정말 오래된 도시 같아 보인다. 그중 좀 괜찮아 보이는 건물 계단에서 셀카를 찍으려다 여행객으로 보이는 사람에게 다가가

"사진 좀 찍어줘!"라며 말을 건넸다. 그의 이름은 골톤. 벨기에서 왔고, 사회학을 공부한단다. "오늘 나랑 같이 다닐래?" 하고 물어보니 오케이라는 답변이 온다.

골톤과 이곳저곳을 기웃거리다가 매를린을 만나게 됐다. 캐나다 몬트리올에서 특수학교 교사로 일하고 있다는 그녀. 사실 이곳에 오기 전 소피아에 들렀을 때 매를린을 봤는데 다른 사람들과 어울리느라 얘기를 많이 나누지는 못했었다.

"나 오늘 12시 30분 버스 타고 여기 왔어."

"난 10시 30분."

"어? 너도 10시 30분이었어? 우와!"

우리는 함께 저녁을 먹고 여러 가지 시시껄렁한 얘기를 하면서 벨리코 투르노보 거리를 마구 돌아다녔다. 아이스크림도 먹고, 벤치에 앉아서 쉬기도 하고……. 이 친구들과 있는 게 어찌나 편하고 좋던지 원래 계획을 바꿔 이곳에서 하루 더 머물기로 했다. 그리고 다음 날 아침 10시에 다시 만나기로 하고 이들과 헤어졌는데…… 약속 시간이 훌쩍 지나도 골톤이 나타나지 않는다. 이 녀석, 만나기로 해놓고 말뿐이었나? 같은 숙소에 묵고 있던 매를린과 나는 어쩔 수 없이 먼저 나오기로 했다.

문을 나서며 매를린이 내 옷차림에 대해 얘기를 꺼냈다.

"킴, 선글라스가 매일 바뀌네?"

"아, 그게 말야. 예전에 유럽여행 왔을 때 옷이 꼴랑 세 벌뿐이었거든. 한국 돌아가서 찍은 사진들을 확인하는데 매일매일 옷이 똑같은 거야."

"오잉? 세 벌이었다구? 하하하."

"그래서 이번엔 일부러 옷도 더 챙기고, 선글라스도 바꾸고 있지!"

"그랬구나. 나 킴 같은 스타일 좋아."

"고마워, 하하하."

먼저 어제 문이 닫혀서 못 간 차르베츠 언덕의 요새에 가기로 했다. 차르베츠 언덕 꼭대기에는 성모승천교회가 있었고, 요새 아래로는 다뉴브 강의 지류인 얀트라 강이 굽이치며 흐르고 있었다. 강줄기를 따라 지은 붉은색 지붕의 집들은 마치 한 폭의 그림을 연상시키는 듯했고, 나지막이 돌길이 깔린 요새 안으로 들어와 보니 옛날 중세시대로 돌아간 느낌이었다. 그때였다. 골톤이 저 앞에서 걸어오는 게 아닌가. 쳇, 이 자식…… 결국 혼자 가버린 거였잖아!

그러나 골톤의 말을 들어보니 그는 10시 정각에 우리 숙소 문 앞에서 기다리고 있었다고 한다. 우리는 골톤이 벨을 누르고 안으로 들어올 거라고 생각했지, 밖에서 기다리고 있을 거라고는 전혀 생각하지 못했었다. 오 이런, 그런 줄도 모르고…… 오해해서 미안해, 골톤! 그렇게 우리 셋은 또다시 같이 다니기 시작했다.

어디서나 그렇듯 이 유적지 앞에도 기념품 가게가 있었다. 음, 뭘 고르지? 고민하고 있던 내게 골톤이 피리같이 생긴 불가리아 악기를 하나 골라준다.

"킴! 어제 단소 말했었잖아. 이것도 비슷하게 생긴 것 같은데 기념으로 사는 게 어때?"

"오, 좋은 생각이야."

여행하면서 좋은 친구들을 만나게 되면 단소로 '세령산'을 불러주려고 손이 부르트도록 연습했는데 바보같이 집에 두고 오다니! 꿩 대신 닭이라고 여기서 단소 비스무리 한 거라도 사가지고 '둥당기 타령'이나 '싸름 타령'을 불러줄까 하다가, 메가톤급 정신 나간 여자라 취급당할까 봐 참아야 했다.

기념품 가게를 나온 뒤 골톤은 친구를 만나 루마니아 콘스탄차로 가야 한다고 했다. 아, 착한 골톤과 정들었는데. 헤어지는 것이 못내 아쉬웠다. "잘 가, 골톤. 안녕!"

　골톤과 헤어진 우리는 우체국 먼저 들르기로 했다. 한국으로 엽서를 보냈는데 가족이 아닌 내 자신에게 보내는 거라고 하니 매를린이 "굿 아이디어!"라고 말해준다. 여행이 끝나고 한국에 도착해 이 엽서를 보게 된다면 아마 감회가 무척 새롭겠지.

　숙소로 돌아와 매를린과 페이스북 친구를 맺었다. 사진이 거의 없어 아쉽다고 말하는 매를린에게 내 미니홈피를 보여주었다. 땅에 드르누운 사진, 입 벌리고 찍은 사진 등 내 엽기 행각을 보며, 그녀는 배꼽 잡고 정신없이 웃어댔다.

　짧은 시간 동안 매를린과 친해진 나는, 그녀에게 무언가를 주고 싶었다. 한참 궁리를 하던 차, 갑자기 번뜩이는 게 하나 있었다. 구리와 니켈로 만든 지름 24밀리, 무게 5.42그램의 그것! 원형에 톱니 모양 테두리를 두른 혁신적인 디자인의 그것! 바로 '100원짜리 동전'이었다. 그랬더니 매를린도 지갑을 뒤지다가 선물이라며 캐나다 1달러를 준다. 그러면서 '100원은 얼마 정도냐'고 묻는다.

　"응? 으응……." (아, 왜 물어보는 거야? 당혹스럽게!)

"?"

"그, 그게 말야……." (100원과 캐나다 1달러는 무려 10배가량 차이가 나잖아!)

"응, 말해."

"그게 사실 0.1유로 조금 안 돼. 센트 같은 거야."

"……."

얼마짜리냐고 물어볼 줄이야. 민망함을 감출 수 없던 나는 곧장 주머니를 뒤졌다. 그리고 센스 있게 500원짜리 동전도 덤으로 줬다. 씨익.

매를린과 함께한 어제오늘이 이상하리 만큼 편하고 좋다. 내일 매를린은 바르나로 가고, 나는 부쿠레슈티로 갈 텐데. 아쉬워서 어떡하지? 나도 바르나로 따라가버릴까? 즐겁게 보낸 하루가 지금은 아쉬워져만 간다.

01 불가리아 전통 빵 바니짜. 쫄깃한 식감에 치즈가 잔뜩 들어 있다.
02 토마토와 오이에 치즈를 듬뿍 뿌려놓은 숍스카 샐러드. 불가리아 국민들에게 굉장히 사랑받는 음식이다.
03 '불가리아' 하면 떠오르는 요구르트. 꿀과 견과류를 뿌려 더 고소하고 달콤하다.
04 카바르마. 육류와 채소가 들어간 불가리아식 스튜.

내 차로 갈까, 아가씨?
Bucuresti, RUMANIA

"오늘 바르나로 몇 시에 떠난댔지?"

"11시."

"나도 11시에 부쿠레슈티로 떠나. 반가웠어, 매를린."

우리는 마지막으로 악수를 하고 헤어졌다. 왠지 이대로 떠나는 게 아쉬워서 뒤를 한 번 돌아봤더니 매를린도 나를 돌아보고 있다.

"사진 꼭 보내줘, 킴!"

자파드 버스터미널

"Absolutely!"

매를린과 그렇게 작별인사를 나누고 루세로 출발하는 버스를 타러 자파드 역으로 왔다. 원래는 부쿠레슈티로 가는 기차를 타려고 했는데 버스가 훨씬 나을 거란 매를린의 말에 마음을 바꿨다. '역'이라기에 규모가 클 줄 알았더니 시골의 여느 버스 터미널 같았다. 그런데 티켓 오피스도 보이지 않고 이거, 어디로 가야 하나? 게다가 사방은 온통 키릴문자여서 무슨 말인지 하나도 못 알아보겠고…… 앞에 보이는 아저씨에게 다가가 루세행 버스는 어디서 타는지 물어보았다.

"……(절레절레)"

"엥? 여기서는 루세 안 간다구요?"

이번에도 고개를 좌우로 흔든다.

으악, 터미널 잘못 온 건가? 망했다! 한참이나 고개를 절레절레 흔드는 아저씨의 모습을 보고 절망감에 빠져야 했다. 그런데 아저씨가 갑자기 "Yes!"라

043

국경을 지날 때. 해바라기밭이 자주 보인다.

고 말하면서 앞에 있는 미니버스를 가리키신다. 아, 그렇지! 불가리아에서는 'yes'일 때는 고개를 좌우로 흔들고, 'no'일 때는 끄덕인다는 게 그제야 생각난 것이다. 으이구, 이런 말미잘 해삼 멍게 개불 히드라 암모나이트 삼엽충 같으니라고.

유그 터미널에서도 버스가 서자 방금 헤어진 매를린이 생각났다. 이 터미널 근처에서 바르나로 가는 버스를 탄다고 했는데 잘 출발했을는지. 매를린 생각이 자꾸 나는 걸 보니 정이 많이 들긴 들었나 보다. 안전하게 잘 다녀! 여행 잘하고, 무사히 집으로 돌아가길!

루세 터미널에 도착하자마자 창구에 가서 부쿠레슈티행 표를 알아보았다. 수중에 레바가 조금 부족한데 이거 또 환전해야 하나? 에라 모르겠다. 일단 들이밀고 보자.

"부쿠레슈티 가는 표 주세요. 학생이에요."

"학생 할인 같은 거 없다! 20레바야."

"14레바밖에 없는데, 나머지는 유로로 내도 돼요?"

"그래, 줘봐."

그런데 이 아주머니, 2유로를 거슬러줘야 하는데 1유로밖에 주지 않는다.

"아주머니, 돈 더 주셔야죠!"

아주머니는 자기가 언제 실수했느냐는 듯 태연한 척했다. 이것 봐라? 꼴을 보아하니 영락없이 바가지를 쓰게 생겼다. 그러더니 동전 하나를 더 준다. 그런데 1유로가 아니라 1레바다.

"이건 유로가 아니라 레바잖아요!"

그러나 알 수 없는 불가리아어만 해대는 아주머니.

"알았어요. 됐어요!"

불가리아의 역사, 문화, 정치 등을
대표하는 인물을 넣은
불가리아 화폐 '레바'

나 원 참. 눈앞에서 바로 사기 치려 하다니!

이윽고 까만색 버스가 도착. 사실 버스라기보다는 밴 같은 승합차에 가까웠다. 이제 진짜 루마니아로 가는 거야! 설레는 맘을 안고 차에 올라타려고 티켓을 찾는데 어라, 방금까지 있던 티켓이 안 보인다. 어디 갔지? 가방이란 가방을 열 번씩 뒤져봐도 보이질 않는다.

으악, 어떡하지? 20레바를 또 끊어야 하나? 내 피 같은 돈!

에구, 모르겠다. 벌금을 물든 안 물든 일단 타고 보자. 어떻게든 되겠지.

"저기, 저…… 티, 티켓을 잃어버렸는데요."

운전사는 못 알아들었는지 일단 차에 싣겠다며 짐부터 달라고 한다. 아무리 말을 해도 대꾸는커녕 계속 타라고 독촉한다. 어쩔 수 없이 차에 올라탔다.

아, 이런 오금이 저리는 상황. 티켓이 없다고 하면 당장 내리라고 윽박지를지도 모르는데…… 순간 티켓을 사진으로 찍어놓은 게 생각났다.

"아저씨, 이거 제 티켓인데 아까 찍어놨거든요. 근데 지금 없어졌어요!"

사진을 확대해서 보여주니 운전사는 말없이 한참을 들여다본다. 안 된다고 할까, 다시 끊어 오라고 할까? 아님 티켓도 없이 탔으니 벌금을 내라고 하는 건 아닐까? 속이 바짝바짝 타들어간다.

마침내 운전사가 입을 열었다.

"노 프라블럼!"

휴우, 다리가 풀린다. 몇십 분간 패닉 상태였는데 얼마나 다행이던지. 고맙습니다!

드디어 차가 출발한다. 그런데 자꾸 눈이 감긴다. 부쿠레슈티엔 집시도 많고 소매치기도 엄청 많으니 다들 주의하라 했는데, 오늘 티켓도 잃어버리고 긴장하기는커녕 내리 잠만 자고 있으니…….

김수철이 부릅니다. "정신 차려 이 친구야~!"

눈을 떠보니 부쿠레슈티에 도착했다며 내리라 한다. 나는 곧바로 숙소로 향했다. 주소를 확인하고 층수까지 확인한 뒤 문 앞에서 벨을 누르는데, 웬 남자가 떡 하니 서 있다.

"여긴 호스텔이 아니에요."

"네?"

서, 설마 그럴 리가……. 가이드북을 꺼내 주소를 보여주자, 주소는 맞지만 그런 호스텔은 없단다. 으악, 머리를 쥐어뜯고 싶다. 이건 여행을 하는 건지 시트콤을 찍고 있는 건지! 오늘 왜 이러냐 정말. 터벅터벅 발걸음을 돌려 밖으

로 나와야 했다. 그러곤 지나가는 중년의 남성분에게 전화번호를 보여주며 다짜고짜 이곳으로 걸어달라고 부탁했다. 그는 한참 통화를 하더니 나를 바꿔줬다. 그런데 악센트가 너무 낯설어서 알아듣기 힘들다. 영어를 하는 건지 에스파뇰을 하는 건지 도무지 구분이 가질 않는다. 어쨌든 결론은 호스텔이 거기에 없단다! 그러나 다행히 또 다른 호스텔을 운영하니 거기로 오라고 했다. 제법 거리가 머니 택시를 타고 오라는 말을 덧붙이며.

"알았어요. 알았어요."

전화를 걸어준 중년의 아저씨께서 택시를 잡아줬다. 그러고는 운전사랑 몇 마디 샬라샬라 하더니 택시에 올라타려는 나를 다시 멈춰 세웠다. 아마 택시 운전사가 거기까지 가지 않는다고 말하는 것 같았다. 그러자 아저씨께서 그곳까지 태워다준다며 자기 차로 가자고 한다.

'헉, 태워준다고? 호, 혹시 납치하려는 거 아니야? 가야 해, 말아야 해?'라고 고민할 것도 없이 잽싸게 아저씨 차에 올라타 버렸다. 하지만 조금은 불안해서 속으로는 계속 외쳐댔다. '제발! 아저씨만 믿을게요!' 불안한 마

루마니아 국립은행

어슬렁거리며 돌아다니는 개는 물론 이렇게 잠자는 개들도 많다.

음을 감추지 못한 나는 자꾸 두리번두리번거렸다. 아저씨도 내가 불안해하는 걸 아셨는지 얼마만큼 가면 나오는지 계속 설명해주셨다. 다행히도 좋은 아저씨였다. 무사히 호스텔 앞에 내려다 주시고는 문 앞까지 바래다주셨다.

"물쭈메스크, 물쭈메스크(감사합니다)!"
아저씨의 친절이 너무 고마워서 나는 계속 '물쭈메스크'를 외쳤다.

호스텔에 짐을 풀고 밖으로 나왔다. 부쿠레슈티 거리에는 축 늘어져 잠을 자는 개들이 곳곳에 눈에 띄었다. 그 이유는 독재자 차우셰스쿠가 도시를 정비한다며 거리를 밀어버렸을 때 기존에 살던 사람들이 쫓겨나면서 키우던 개들을 거리에 버렸기 때문이란다. 그리고 그 개들이 지금 이렇게 번식을 해서 통제가 되지 않는다고.
예전 공산주의 국가답게 이 도시 건물들은 공산국가의 냄새를 물씬 풍겼다. 일관되고 계획적으로 지어진 건물들. 새까맣게 때가 낀 건물들. 하지만 내 눈엔 전부 너무나도 딱딱하고 심심하게만 보이는걸.

립스카니 거리

한참을 헤매다 루마니아의 옛 상업지구였던 립스카니 거리에 들어섰다. 이곳은 30여 년 전 지진과 화재로 파괴되었지만 지금은 꽤 복원되었다고 한다. 이제는 이 거리를 금융가로 만들려고 부쿠레슈티에서 많은 노력을 기울이고 있다고.

얼마 구경하지도 않았건만 피곤함을 느낀 나는 숙소로 돌아가 쉬기로 했다. 거실에서 사람들과 얘기를 나누는데 웬 프랑스 남자가 계속 치근덕거린다. 나같이 생긴 애가 예쁘고 좋단다. 하하하, 그래 세상은 아직 살 만한 곳이야! 그러더니 점점 스킨십을 시도한다. 급기야 내 옆으로 바짝 붙어 앉아 허리를 감싸려 한다.

"노—!"

정색하며 그에게 화를 냈더니 바로 떨어져 앉는다. 이 자식, 지금 뭐하자는 거야? 불쾌한 나머지 방으로 돌아와버렸다.

오늘 참…… 다사다난하네.

내가 생각하던 동유럽이 이곳에 있었다
Brasov, RUMANIA

끈적하게 치근대던 프랑스 녀석 때문에 아침 일찍 브라쇼브로 떠날 채비를 했다. 배낭을 둘러멘 뒤 숙소를 빠져나오는데 위층에서 무슨 소리가 들린다. 고개를 들어 보니 그놈이 잘 가라며 손을 흔들어댄다. 어우, 올라가서 어퍼컷 쓰리콤보를 날려버릴라.

　브라쇼브로 이동하기 전에 차우셰스쿠 궁전을 잠깐 둘러보고 가기로 했다. 단일 건물로는 펜타곤에 이어 세계에서 두 번째로 크다는 이곳. 한때 사회운

동가였던 차우셰스쿠는 공산주의 이념에 젖어들면서부터 사상이 완전히 뒤바뀌어버렸다. 그것도 아주 광적으로. 그는 루마니아 국민의 생활수준을 깊은 나락 속으로 떨어지게 한 독재자였다. 한 사람의 욕심이 국가를, 국민을, 문화를, 경제를, 이 모든 것들을 망쳐버린 것이다. 불편한 마음을 갖게 하는 이 궁전 앞에서 사진을 찍을지 말지 한참을 고민했다. 만약 사진을 찍는다면 평소대로 웃어야 할지 아니면 짜증 나는 표정을 지어야 할지…….

부쿠레슈티 기차역은 집시와 소매치기, 바가지 택시가 많기로 악명 높은 곳이다. 그러나 내가 갔을 땐 거의 보이지 않았다. 게다가 내게 접근하는 사람조차 아무도 없었다. 은근히 다가와주길 기대하고 있었는데……. 왠지 모르게 몰려드는 이 실망감과 허탈함.

부쿠레슈티 기차역에서 만난 할아버지와 아주머니

　표를 끊는데 직원이 영어를 하지 못해 20대 초반의 남자애가 나를 도와줬다. 물쭈메스크! 역사 안에서 기차를 기다리며 앉아 있는데, 옆에 계시던 할아버지께서 말을 걸어오신다. 루마니아어로만 뭐라 뭐라 하시는데 당최 알아먹을 수 있어야지. 할아버지와 말을 트자 주변에 있던 다른 사람들까지 모두 내게 말을 걸기 시작한다.
"혼자 여행한다구?"
"네."
"정말 용감하구나. 하지만 언제나 조심해야 한단다."
　서쪽의 크라이오바로 가신다던 할아버지는, 방향이 같다면 루마니아를 소개해줄 텐데 그렇게 하지 못해 아쉽다며 말을 건네신다.

　브라쇼브로 가는 기차는 예상시간보다 20분 정도 늦게 도착했다. 숙소에 관한 정보라고는 인터넷으로 찍어온 지도뿐 이름도 가물가물했다.

할리우드 사인을 따라한 브라쇼브의 사인

이름이 뭐더라? 해피 어쩌고저쩌고였는데…….

그때 호객꾼 한 명이 다가왔다. 하지만 난 이미 예약을 해둔 상태. 그에게 내가 예약한 숙소 지도를 보여주며 어떻게 갈 수 있느냐고 묻자, 3번 게이트에서 51번 버스를 타고 여섯 번째 정류장에서 내리라고 일러준다. 물쭈메스크! 버스에 탄 뒤 그의 말대로 여섯 번째 정류장에서 내렸다. 그런데 이상하다. 거리 이름이 다르네? 이상하다 이상해.

지나가는 사람에게 물어보니 내가 가려는 곳은 여기서 '걸어서 1시간 거리'라고 한다. 이런 젠장, 엉뚱한 곳을 가르쳐주다니!

그 사람은 택시를 타라고 했지만 나는 그냥 걷기로 했다. 플로브디프에서는 4시간을 걸었는데, 까짓 거 1시간쯤이야! 하하하. 웃고는 있지만 눈물이 앞을 가린다.

숙소로 향하면서 브라쇼브 골목골목을 걷는데 감탄사가 절로 나온다. 정말 예쁘다! 이곳이 바로 내가 상상했던 동유럽이었어! 다리가 아프고 어깨가

쑤셨지만 예쁘고 아기자기한 거리를 걷다 보니 피로가 싹 가시는 것 같았다. 그렇게 구경하며 숙소가 있는 거리에 들어섰는데, 아무리 찾아도 숙소는 코빼기도 보이질 않는다. 게다가 주변은 어찌나 한산한지 지나가는 사람도 없고 물어볼 만한 데도 없다. 마침 건너편에 구멍가게 하나가 보이기에 냅다 들어갔다.

"혹시 이런 이름과 비슷한 숙소 아세요?"

"음, 처음 들어보는군요. 모르겠어요."

으악, 미칠 노릇이다. 난 이제 어떡한담? 오늘은 정말 대책이 없다. 여기는 정말 아무도 없는 것 같은데……. 힘이 빠진다.

그런데 그때, 정말 절묘하게도 어느 집 빨간 대문이 열렸다.

"해피호스텔 찾고 있나요?"

"네. 네, 네, 네!"

"여기예요. 들어와요."

정말이지 눈물이 나올 뻔했다. 물쭈메스크! 물쭈메스크!

"숙소 표시가 없죠?"

"그러게 말예요."

문을 열어준 사람은 숙소 스탭 안드레아. 한국 영화를 두 편 봤는데 너무너무 좋다며 내게 말을 건넨 그녀. 나는 안드레아와 순식간에 친해져 버렸다. 원래는 체크인만 하고 바로 브라쇼브를 구경하러 나오려고 했는데, 그녀와 얘기하는 게 즐거워 그냥 숙소에서 놀기로 했다. 내가 묵을 방에 가방을 내려놓고 나왔더니 안드레아가 같이 뒤뜰로 가자고 한다. 그리고 뒤뜰 마당에 있는 체리나무를 가리키며 마음껏 따먹어도 된다고 일러준다. 우리는 체리를 따먹으며 도란도란 얘기를 나누기 시작했다.

열아홉 살인 안드레아는 우리나라에 관심이 많은 아이였다. 그녀는 한국어를 무척 배우고 싶어 했고, 한글을 알려달라고 했다. 그중에서도 특히 '가족'과 관계된 단어를 알려달라고 했다. 나는 '엄마, 아빠, 오빠, 언니, 동생'을 가르쳐주었고, 그녀는 열심히 따라 했다.
　이번에는 또 가족과 관련된 한글 속담을 알려달란다. 속담이라……. 내 머릿속에 생각나는 건 '암탉이 울면 집안이 망한다' '때리는 시어머니보다 말리는 시누이가 더 밉다' 이따위니. (대체 머릿속에 뭐가 들어있는 게냐!) 도저히 안 될 것 같아서 인터넷을 뒤져보다가 좋은 속담을 하나 발견했다.
　'피는 물보다 진하다.'
　안드레아는 이 문장을 한글로 타이핑해달라고 했다. 그러고는 너무 좋아하며 바로 프린트하는 그녀.

안드레아가 적어준 루마니아어

"킴, 이 글자를 내 목 뒤에 타투하면 어떨 것 같아요?"

"오 마이 갓! 꽤, 괜찮은 생각이긴 한데 혹시나 한국 사람들이 보면 비웃을 지도 몰라. 그다지 추천하고 싶진 않아. 미안해."

아쉬워하는 안드레아에게 차라리 한문이 어떠냐고 물었더니, 한문으로 타투하는 사람이 너무 많아서 별로라고 한다. 그래서 한글이 더 마음에 든다고 하는데, 이 문장은 추천하기가 좀 그랬다. 왠지 '한 주먹' 할 듯한 이미지였달까?

안드레아의 아버지께서는 독일에서 9년째 일하고 계시는데 1년에 한 번 집에 오셔서 2주간 머무신다고 했다. 아버지와 떨어져 지내야 하니 가족애가 남다를 수밖에. 속담까지 가족과 관련된 걸로 가르쳐달라고 했으니 말이다.

"안드레아, 넌 정말 착한 딸인 것 같아."

얘기를 하다 보니 슬슬 배가 고파져 근처 마트에 들렀다가 안드레아에게 줄 과자를 샀다.

부쿠레슈티 기차역 내부

안드레아, 네게 뭘 주고 싶긴 한데 뭘 줘야 할지 모르겠어. 마트에 다녀간 김에 네 생각나서 과자 하나를 더 샀어. 유치하긴 하지만 열아홉이라면 아직 과자도 괜찮지 않겠니? 스물여덟, 아니지. 만으로 스물여섯인 나도 아직 과자가 좋은데. 허허허.

생각지도 못한 선물, 생각지도 못한 사람들
Sighisoara, RUMANIA

어젯밤 맥주 한 캔을 들이붓자 급 피곤이 몰려왔는지 깨고 보니 옷도 안 갈아입고 그대로 잠들어 있었다. 물론 씻지도 않고…….

오늘 가볼 곳은 드라큘라의 고향으로 널리 알려진 시기쇼아라. 안드레아가 시기쇼아라로 가는 버스는 브라쇼브역 바로 옆에 있는 버스정류장에서 오전 8시에 출발한다고 일러주었다. 과연 오늘은 또 어떤 일이 일어날까? 기대되는 하루다.

귀여운 미니버스를 타고 텔레토비 동산에서나 나올 법한 풍경을 지나 시기쇼아라에 도착. 운전사 아저씨는 내게 종이 하나를 건네며 브라쇼브로 가는 버스는 오후 3시 35분에 한 대밖에 없으니 잊지 말고 제때 나오라고 한다.

오늘은 왠지 룰루랄라 기분이 좋아서 지나가는 사람마다 "부나(안녕)!" 하고 먼저 인사를 해댔다. 사람들도 모두 나를 보며 반갑게 "부나!" 해준다. 맨 먼저 투어 인포메이션으로 갔는데 앗, 닫혀 있다! 그래서 지나가는 사람 아무에게나 붙잡고 물어보기 시작했다.

"저기 보이는 시계탑에 가고 싶은데 여기로 올라가면 되나요?"

"오케이!"

"물쭈메스크(고맙습니다)!"

동유럽 정취가 물씬 느껴지는 시기쇼아라 거리

루마니아에 와서는 현지인들에게 '땡큐' 대신 루마니아어로 '물쭈메스크'라고 말하고 있다. 마찬가지로 불가리아에서도 '블라고다랴(고맙습니다)'를 주로 썼었다. 왜, 우리나라에서도 외국인들이 '땡큐'보다 '쾀솨함뉘다' 하면 얼마나 귀엽고, 고맙고, 신기한가! 내가 '물쭈메스크' 하면 상대방은 '꾸쁠라체레'라고

한다. '꾸뺄라체레'는 어제 안드레아에게 배운 것. 'You're welcome'이란 뜻이란다.

이곳 시기쇼아라 역사지구는 1999년 유네스코 세계문화유산에 등재되었으며, 작센인으로 알려진 독일의 기술자들과 상인들이 오래전 세운 곳이라 한다. 중세도시의 면모를 갖춘 곳답게 입구에서는 중세시대 복장을 한 사람들이 일종의 '쇼'를 하고 있었다. 시계탑 앞에 도착하고 보니 눈앞에 있는 조그만 광장이 내 시선을 끌었다. 광장 가장자리에는 상인들이 갖가지 기념품을 팔고 있었다. 눈을 이리저리 굴리며 구경하고 있는데, 갑자기 어디선가 나를 부르는 소리가 들린다.

"이리 와봐요. 중국인이에요?"

가판대에 있던 아저씨가 한문 도장이 찍혀 있는 그림을 보여준다.

"아뇨. 전 한국 사람이에요."

"아, 꼬레아? 잠깐 기다려봐요!"

이러더니 그림 밑에 뭔가를 적기 시작하신다. 그러면서 내게 선물이라고 주신다. 시기쇼아라를 기억해달라며……. 오 마이 갓. 생각지도 못한 뜻밖의 선물이었다. 그 옆에 있는 아저씨도 갑자기 뭔가를 들이미는데, 무당벌레가 그려진 돌이었다. 낯선 이방인인 내게 이유도 없이 선물을 건네는 그들. 더불어 여행 잘하라며 행운까지 빌어준다. 물쭈메스크!

다시 광장을 쭉 둘러보는데 언덕길을 따라

아저씨들이 선물로 주신 무당벌레와 말 그림

만든 계단이 눈에 들어왔다. 일단 위로 올라가볼까? 가이드북을 보니 계단은 총 172단이라고 나와 있다. 내 저질 폐활량을 개탄하며 올라가는데 옆에 사람들도 힘든지 다들 헥헥거린다.

언덕 위에 올라서 마을을 내려다보며 혼자 유유자적 거닐었다. 그때, 중국인 아저씨가 내게 말을 걸어왔다.

"어디에서 왔어요?"

"한국이요. 혼자 여행 중이에요. 중국에서 오셨나요?"

"네. 우리 그룹은 루마니아에서 공부하고 있어요. 저는 선생님인데, 지금 루마니아 학생들과 같이 캠프 나왔답니다. 우리 그룹에 한국어 잘하는 학생이 있는데, 소개해줄까요?"

"오, 정말요?"

이렇게 해서 맥초초를 만나게 된다. 맥초초는 활짝 웃는 얼굴로 다가와서 내게 '한국어'로 말을 건넸다.

"하안국살암이에요?"

"네. 저는 한국 사람이에요." (맥초초가 이해하기 쉽게 나도 느릿느릿 말한다.)

맥초초와 함께

"반갑습니다. 여행 있습니까?" (오, 완벽하진 않지만 잘하는데?)

"네. 저는 지금 여행 중이에요."

"혼자 있습니까?"

"네. 혼자서 여행하고 있어요."

맥초초와 한국어로 대화하는 게 신기한지 주변에서 다들 뚫어져라 쳐다본다. 스물네 살인 맥초초는 루마니아에서 두 달째 공부를 하고 있단다. 이 친구는 영어도 잘하지, 루마니아어도 잘하지, 중국어도 잘하지, 한국어도 잘하지, 무려 4개 국어씩이나! 맥초초는 내게 많은 관심을 보였는데, 가끔씩 던지는 한국말이 너무 귀여웠다.

"언니! 빨리 와!"

"조심해!"

"잘했어!"

"귀여워!" (나한테 귀, 귀엽단다.)

한 길거리 상점에선 루마니아 전통 쿠키인 '뚜르따 딜체'를 팔고 있었다. 맥초초는 내게 선물이라면서 하나 고르라고 한다.

"맥초초, 어느 게 제일 예뻐?"

"이것도 예쁘고, 이것도 예쁘고, 저것도 예뻐요."

고민하던 나는 말이 그려진 쿠키를 골랐다. 선물을 받았으니 나도 뭔가를 주고 싶었다. 아, 뭘 줘야 하나? 여기서 파는 것보다 기억에 남을 만한 것을 주고 싶은데……. 그때 갑자기 생각나는 선물이 있었다. 짜자잔! 바로 1,000원짜리 지폐였다. 지난번 매를린에게 한국 돈을 선물로 줬는데 괜찮은 것 같았다.

"이거 한국 돈이야."

"1,000원? 와, 비싸 보인다. 얼마 정도 하는 거예요?"

"약 2.5레이 정도 해."

1,000원짜리를 받아든 맥초초는 친구들과 선생님에게 자랑하기 시작한다.

발걸음을 옮겨 눈앞에 보이는 시계탑에 오르기로 했다.

"언니, 루마니아 학생증을 갖고 있으면 2레바고 나머지는 전부 8레바래요. 내 학생증 빌려줄 테니 8레바 내지 마세요."

"You're very smart!"

"헤헤헤."

그리고 한국어로 다시 말해주었다.

"똑똑하다."

"똑똑하다? 'smart'가 한국어로 '똑똑하다'구나! 똑똑하다!"

시계탑 안에는 층마다 약학, 무기, 도자기 등이 전시되어 있었다. 탑에 오르다 말고 멈춰 서서 하나씩 구경하고 있는데 맥초초의 일행이었던 루마니아 소녀들이 내 쪽으로 온다. 이들은 열일곱 살 소녀 마델리나와 안드레아.

"나 한국 가수 많이 좋아해요. 동방신기!"

"어? 동방신기를 안다구?"

"네. 투애니원, 포미닛, 카라, 샤이니도 알아요. 특히 에픽하이 타블로를 좋아해요."

헉, 콧대 높고 새파란 눈을 가진 이 루마니아 소녀들이 한국 가수들을 알다니! (유럽에 부는 한류 열풍이 매스컴에 알려지지 않았을 때라 굉장히 신기했었다.) 게다가 노래까지 흥얼거린다.

"아 돈 케 에~ 에~ 에에에~ 아 돈 케 에~에~에에에"

나는 이들의 노래에 맞춰 오른쪽 검지를 편 채, 고개를 좌우로 꺾었다 폈다 하며 걸그룹 흉내를 냈다. (내 나이는 묻지 마세요…….)

시계탑 꼭대기에 도착해서 아래를 내려다보니, 시기쇼아라 마을이 한눈에 들어온다. 온통 주황색 물결을 이룬 지붕이 오밀조밀 모여 있었고, 양 볼을 스치며 살랑살랑 불어대는 바람이 무척이나 기분을 좋게 했다. 이들과 어울려

다니는데 갑자기 마델리나가 한국 노래를 지금 들어볼 수 있느냐고 묻는다. 나는 여행 오기 전에 최신 유행하던 한국 노래를 담아온 mp3를 건네주었다.

엠블랙의 〈Y〉가 흘러나오는지 후렴구를 따라 부르기 시작한다. 헉, 이런 최신곡까지 알다니! 게다가 속사포 랩으로 유명한 아웃사이더의 〈주변인〉도 알고 있었다. 깜짝 놀라 "I'm surprised!"를 몇 번이나 외쳐댔는지 모른다. 이번에는 비스트의 〈Shock〉이 나오는지 '쑉, 쑉' 대고 난리가 아니다. 하하하!

"대체 한국 노래들은 어떻게 알게 된 거야?"

"인터넷에서 보고 알았어요."

대단해! 루마니아 소녀들! 그때 갑자기 안드레아가 내게 '루마니아'를 어떻게 알게 됐냐고 묻는다.

"일곱 살쯤이었던 것 같아. 난 어렸을 때 세계지도를 보고 나라 이름 외우는 걸 매우 좋아했거든."

"일곱 살이요? 저번에 스페인에 갔을 때 사람들이 어디서 왔느냐고 묻기에 루마니아에서 왔다고 하니, 다들 거기가 어디냐고 되물었어요. 사람들은 제가 루마니아 사람이라고 하면 꺼려 해요."

"왜?"

"못사는 루마니아 사람들이 프랑스나 스페인, 이탈리아로 건너가서 구걸하거든요(집시 얘기를 하는 듯했다). 그렇지만 나는 루마니아가 좋아요."

"나도 루마니아가 정말 좋아. 여기 사람들 매우 좋고 친절해. 너희처럼!"

"땡큐!"

"물쭈메스크!"

"꾸쁠라체레!"

그렇게 시간 가는 줄도 모르고 대화를 나누다 보니 어느덧 이 친구들이 떠

날 시간이라고 한다. 마델리나와 안드레아는 내게 나흘 동안 함께 여행을 다니자고 한다. 살짝 구미가 당겼지만 난 브라쇼브로 돌아가야 하는걸. 오늘 처음 본 내게 같이 여행하자고 말하는 그들이 놀랍기도 했고 고맙기도 했다. 소녀들아, 안녕!

브라쇼브행 버스가 도착할 시간에 맞춰 정류장으로 향했다. 버스에는 사람이 꽉 차 있었다. 서서 가야 하나? 뒷자리를 보니 한 곳이 비어 있었다.

"여기 앉아도 되니?" 하고 옆자리에 앉은 사람을 보는 순간, 얼굴이 엄청나게 작은 루마니아 소녀가 있는 게 아닌가. 눈코입이 대체 어떻게 저 작은 얼굴 안에 들어갔는지 모를 정도로 '심각한' 수준이었다. 하지만 놀라는 것도 잠시, 자리에 앉은 나는 이내 곯아떨어졌다. 넋을 놓고 한참을 자고 있는데 옆에서 내 팔을 툭툭 건드린다.

"위에 물이 떨어지니까 조심해요."

버스가 오래됐는지 아니면 에어컨을 계속 틀어놔서인지 버스 천장에서 물이 뚝뚝 떨어지고 있었다. 그녀는 내게 티슈를 한 장 건네고 또 한 장을 꺼내더니, 내 바지와 의자에 떨어진 물기를 꾹꾹 눌러서 없애준다. 이 친절한 소녀는 미헤일라. 스물세 살로 경영을 전공하고 졸업했지만, 아직 구직 중이라고 한다. 단잠에서 깬 나는 미헤일라와 신나게 떠들기 시작했다. 새침데기처럼 도도해 보였던 미헤일라는 생긴 것과 달리 굉장히 웃긴 아이였다. 시기쇼아라에 태어났고 현재도 살고 있는데, 오늘 잠깐 다른 곳에 갔다가 친구를 만나러 브라쇼브로 가는 중이란다.

"나도 브라쇼브에 가고 있어!"

"그래? 거기 검은교회(큰 화재로 외부가 검게 그을린 고딕 양식 교회)가 끝내주고 포이아나 브라쇼브(스키 리조트로 유명한 휴양지)가 죽여줘!"

"나도 들었어! 근데 포이아나 브라쇼브가 어디지?"

지도를 꺼내 들자 미헤일라가 이리저리 찾더니 가르쳐준다. 꼭 가보라는 말과 함께. 그러곤 자기가 키우는 강아지 사진을 보여준다. 그 개는 피곤하면 코를 드르렁 곤다고 한다. 마치 사람처럼. 하루는 남자친구네 집에서 자고 있는데, 남자친구가 하도 시끄럽게 코를 골기에 깨웠더니 다른 곳에서 코 고는 소리가 들려왔단다. 아래를 내려다보니 자기 개가 완전 사람처럼 코를 골고 있었다고. 미헤일라와 나는, 버스에서 그녀의 개가 그랬던 것처럼 그렁그렁 코 고는 소리를 흉내 냈다. 만원 버스 안에서 전혀 아랑곳하지 않고. 나 못지않게 이 친구도 만만치 않은 내공의 소유자임에 틀림없었다. 갑자기 또, "나 방귀 좀 뀌어야겠어!" 이런다. 완전 내 스타일이야! 계속 많이 먹어서 방귀가 나온다며, 엉덩이 한쪽을 갑자기 들어 올린다. 그러더니 자기 가방으로 배를 가

브라쇼브에서 만나 반나절을 함께한 이리나(맨 오른쪽) 가족. 할머니 생신을 맞이하여 놀러왔다고 한다.

리면서 "쉿! 조용!" 이런다. 아, 배꼽 빠져. 하하하하하!

"있잖아. 절대 택시는 타지마! 루마니아 택시기사들 완전 사기꾼이거든."

"내가 만난 루마니아인들은 다들 친절하던데?"

"대부분이 그런데 택시기사 아저씨들만큼은 절대 믿지 마. 우리 아빠가 얼마 전에 브라쇼브에 갔을 때 택시를 타셨거든. 거리가 2킬로미터밖에 안 떨어졌는데 100레이(약 37,500원)를 내라고 했어!"

"오 마이 갓. 알았어. 절대 안 탈게."

이윽고 우리가 탄 버스가 브라쇼브에 도착했다.

"정말 용감하다. 혼자 여행을 하다니! 항상 조심해! 그리고 절대 택시 타지 마!"

그녀는 마지막까지 택시를 타지 말라고 강조하며 떠났다. 하하하!

시계를 보니 오후 6시가 넘었다. 은색 지붕의 어느 이름 모를 교회 안으로 들어갔다가 운 좋게도 미사 올리는 광경을 볼 수 있었다. 모두들 바닥에 무릎

이름 모를 교회에서 조용히 기도를 올리다.

을 꿇고 있었다. 나도 그들과 같이 무릎을 꿇고 이들이 믿는 종교, 그 신께 기도를 올렸다. 나는 믿는 종교가 없기 때문에 신에게 기도드린다는 것이 매우 생소한 일이긴 했지만, 오늘만큼은 왠지 같이 기도를 올리고 싶었다.

나의 여행이 지금까지와 같이 즐거울 순 없더라도
항상 안전한 여행이 되기를.
그리고 우리 가족이 항상 행복하기를.
내가 아는 사람들 모두가 행복하기를.

01 다진 고기에 양념을 한 숯불구이 '미치'. 루마니아의 전통음식으로 널리 사랑받는데, 내 입맛엔 매우 짰다.
02 유럽인들이 뽑은 최고의 유럽 전통음식 1위에 꼽히기도 한 '사르말레'. 다진고기에 양배추를 돌돌 만 사르말레를 맥주와 함께 먹으면 캬아~!

반초, 이제 제발 그만!
Beograd, SERBIA

새벽 4시 15분. 온통 어둠으로 가득한 거리에는 사람이 한 명도 없었고, 웡웡 컹컹 개 짖는 소리만 울려 퍼지고 있었다. 야간버스에서 내린 나는 즉시 기차역으로 향했다. 그리고 세르비아의 수도 베오그라드로 가는 기차표를 끊었다.

  사실 세르비아는 원래 여행 일정에 없었던 곳이다. 원래는 루마니아에서 곧장 헝가리로 넘어가려 했으나 엊그제 갑작스레 계획을 변경했다. 덕분에 세르비아에 대해 아는 것이라곤 거의 없었다. 베오그라드가 수도라는 것. 냉전시

대 유고슬라비아의 수도였다는 것. 그리고 1차 세계대전을 일으킨 원인을 제공한 나라라는 것. 마지막으로 이번 월드컵에 출전했다는 것밖에는. 그렇게 나는 무작정 세르비아로 왔다.

'하얀 도시'라는 뜻의 베오그라드. 여느 유럽의 도시들처럼 작을 줄 알았는데 웬걸, 굉장히 컸다. 야간버스와 새벽기차를 타고 온 터라 제대로 씻지도 못한 상태였기에 숙소에 오자마자 당장 샤워부터 했다. 그런데 아무리 찾아봐도 타월이 보이지 않는다.

"어디 갔지?"

생각해보니 브라쇼브 숙소에 두고 온 것이다. 정확히는 타월이랑 양말 두 켤레. 공교롭게도 오늘이 일요일이라 상점들이 거의 문을 열지 않아 사러 갈 수도 없다. 옷을 갈아입으려고 정리를 하는데 으악, 이게 뭐야! 바지 엉덩이

베오그라드 기차역

실밥이 10센티가량 뜯겨 있었다. 그것도 정확히 '정중앙'. 으윽, 이것도 모르고 입고 돌아다녔다니! 어제 입었던 팬티 색깔이 뭐더라? 쪽팔려 쪽팔려. 정말 진짜 완전 최고 베스트 오브 베스트 쪽팔려!

정신을 가다듬고 일단 나가서 환전부터 하기로 했다. 무작정 온 터라 1유로에 환율이 얼마인지도 몰랐기 때문에 거실에 앉아 있는 백인 남자에게 물어보기로 했다.

"혹시 1유로가 몇 디나르(세르비아 화폐)인지 알아요?"

"100에서 104디나르 정도예요. 기차역 앞은 환전 시세가 좋지 않으니 피하세요."

"고마워요."

"지금 환전하려구요?"

"네."

"그럼 저랑 같이 가요. 마침 저도 환전해야 하거든요."

이 남자는 마케도니아에서 온 스물두 살의 반초. 이렇게 우리는 동행을 하게 되었다. 그가 괜찮은 환전소를 안다고 해서 따라갔는데 아뿔싸, 일요일이라 역시 다 닫혀 있다.

"어쩔 수 없네요. 기차역에 24시간 하는 환전소가 있으니 거기로 가야겠어요."

환전율이 좋지 않으니 소량만 환전하고 나머지는 내일 하라며 내게 귀띔해 준다. 갑자기 그와 오늘 일정을 같이 하고 싶어졌다.

"반초, 오늘 괜찮다면 나랑 같이 구경 다닐래요?"

"좋아요. 4시까지는 시간이 괜찮아요."

그렇게 반초와 함께 길을 나섰다.

먼저 우리는 칼레메그단으로 향했다. 칼레메그단은 요새를 뜻하는 '칼레'와 전쟁터를 뜻하는 '메그단'이 합쳐진 것이다. 이름에서도 알 수 있듯이 이곳은 언제나 전쟁이 끊이지 않았던 곳으로, 발칸반도의 군사적 요충지였다고 한다. 칼레메그단에 오르니 생각보다 멋진 광경들이 눈앞에 펼쳐진다. 사바 강에는 유람선과 보트가 한가로이 떠다니고 있었고, 태양이 뜨겁게 내리쬐고 있었지만 가슴은 오히려 확 트였다.

반초는 세르비아인들과 의사소통이 매우 자유로웠다. 그는 세르비아에 무

칼레메그단 요새

척 호의적인 반면, 그리스는 무척 싫어했다. 발칸반도에 가면 인종, 민족, 나라, 종교 얘기는 일체 입에 올리지 말라고 책에서 본 적이 있었기 때문에 여행 와서 그런 얘기는 한 번도 입 밖에 꺼내본 적이 없었다. 그런데 반초가 먼저 얘기를 꺼냈다. 그가 민족과 관련된 얘기를 시작하자 나도 조금 민감해졌다. 잘못 얘기했다가는 총 맞는 거 아니야? 조, 조심해야겠다.

그건 그렇고 반초 녀석, 말이 너무 많다. 묻지도 않았건만 베오그라드는 어디가 멋지고, 어디가 별로고, 쉴 새 없이 계속 떠들어댄다. 반초의 얘기를 들어주느라 주변을 구경할 틈도 없다. 가뜩이나 야간버스를 타고 와서 피곤해 죽겠는데 괜히 같이 구경하자고 했나 후회가 된다. 발걸음은 또 어찌나 빠른지 같이 보폭을 맞추기도 어렵다. 아아, 날씨도 훅훅 찌는데 옆에서 계속 말까지 시키니 슬슬 짜증이 나려 한다.

점심때가 지났지만 요기를 못해 배가 고팠다. 반초 역시 배가 고프다길래 레스토랑으로 자리를 옮겼다. 아니나 다를까 녀석의 입은 또 따발총이 되어 따다다다하고 난사하기 시작한다. 여기는 어떤 음식이 유명하고, 뭐는 비싸기만 하고, 어떤 것은 맛없고……. 역시나 기대를 저버리지 않는다.

그러곤 메뉴판을 보더니 너무 비싸다면서 아이스크림만 시키겠다고 한다. 윽, 이 따발총 녀석! 분명히 자기도 배가 고프다고 했었는데. 아이스크림을 시키면 어떡하냔 말이다! 이왕이면 각 나라의 전통음식을 한 번쯤 꼭 먹어보고 싶었기에 반초의 이런 행동을 보니 맥이 탁 풀렸다.

"그래? 그럼 나도 아이스크림 시킬게."

반초

아이스크림이 나오자 또 반초의 입에 시동이 걸리기 시작한다.

"킴, 나는 딸기를 굉장히 좋아해. 그리고 또 수박에 환장해."

"그렇구나. 나는 딸기 별로 안 좋아하는데. 과일을 별로 안 좋아해."

"과일을 안 좋아한다구? 말도 안 돼!"

"으, 응……."

어젯밤 야간이동의 여파인지 점점 눈이 풀려간다. 차디찬 아이스크림도 졸음 앞에서는 소용이 없었다. 이제는 반초가 하는 말도 제대로 들리지 않는다. 그의 입에서 나오는 말은 어느새 소음으로 변해 있었다. 어서 반초를 떼어놓고 싶다.

"반초, 4시에 가야 한댔지?"

"응. 근데 지금 스케줄 조정 중이야. 꼭 4시에 가지 않아도 돼." (오 마이 갓!)

"나 사실 좀 졸린데……."

"그래?"

"야간버스를 타고 왔더니 그런가 봐."

"그럼 이거 먹고 숙소로 이동하지 뭐. 아, 근데 너 마케도니아 온댔지?"

"응."

"가이드북 이리 줘 봐." (또 뭔 얘기를 주절주절 대려고 이러는 걸까.)

"스코피예, 이곳이 바로 내가 사는 곳이야. 기차역이랑 엄청 가까워."

"그, 그래."

"마케도니아 오면 꼭 이메일 보내. 내가 휴가를 내서라도 구경시켜줄게."

"정말? 고, 고마워."

이 상태라면 연락을 할지 안 할지는 미지수. 그렇게 반초는 또 한참 동안 스코피예는 어디를 둘러봐야 하며, 어디가 멋지며, 특히 가을에는 낙엽이 환상이라는 둥 난리가 났다 난리가 나. 으윽, 이제 제발 좀!

300유로를 내라구요???
Novi Sad, SERBIA

오늘 갈 곳은 노비사드. 세르비아에 왔는데 수도인 베오그라드 한 곳만 보고 지나치긴 아쉬워 주변에 갈 만한 곳을 찾던 중 눈에 들어왔다. 노비사드로 향하는 기차가 11시 40분에 있는 걸 어제 인터넷으로 확인했는데, 막상 표를 끊으려고 보니 13시 30분에 있단다. 시간을 알아보면 뭐 하나 매번 이렇게 바뀌는데…….

어느덧 출발 시간이 되어 6인승 컴파트먼트compartment에 올라탔다. 갑자

기 경찰이 오더니 맞은편에 앉은 한 남자와 샬라샬라 얘기를 한다. 사복을 입은 그 사람도 알고 보니 경찰이었던 것. 노비사드를 향해 평화롭게 잘 가는 듯 싶었는데 이번에는 또 다른 경찰 두 명이 오더니 신분증 검사를 한다고 했다. 같은 칸에 탑승한 사람들은 자기 신분증을 꺼냈고, 나는 여권을 내밀었다. 한참 내 여권을 들여다보던 이들이 "짐 가지고 따라 나와!" 한다.

음, 드디어 올 것이 왔군. 동양인 여행자에게는 가끔 짐 검사를 한다고 들었는데 오늘이 바로 그날이로구나. 귀찮기도 했지만 스스럼없이 경찰들을 따라 나가 아무도 없는 한 컴파트먼트에 앉았다.

"너 왜 confirmation(체류 허가 스탬프)이 없어?"

"confirmation? 그게 뭔데요?"

"숙소에서 얘기 안 해줬어?"

"그런 말 처음 들어봐요. 전 학생이고, 테러리스트가 아니라구요."

말을 마치자 경찰 둘이 웃기 시작한다. 아니, 난 진심으로 말했는데 웃다니! 아무튼, 허가 스탬프가 없으니 나더러 300유로(약 45만 원)를 벌금으로 내란다.

"3… 300유로라구요???"

"세르비아에 오면 경찰서에 가서 스탬프를 찍어와야 하는데, 네 여권엔 그게 없잖아."

"몰랐어요! 세르비아에 오면 그렇게 해야 한다는 걸 전혀 몰랐어요. 들어본 적도 없구요!"

"그럼 너는 불법체류자가 되는 거야."

미칠 노릇이다. 30유로도 아니고 300유로를 내라고 하다니! 300유로면 대체 며칠 경비야? 어떡하지, 어떡해? 진짜 미치고 펄쩍 뛰고 환장하겠다!

경찰이 또다시 입을 연다.

"어느 숙소에 머물렀어?"

"아, 그게…… 역 앞인데 이름이 뭐, 뭐였더라?"

당황하니 기억이 잘 나질 않는다. 그때 숙소에서 받아뒀던 영수증이 생각났다.

"이거 보세요!"

"흠…… 다운타운 호스텔? 아마 직원이 경찰서에 가서 스탬프를 받으라고 말해줬을 텐데?"

"아녜요. 그런 말 전혀 해준 적 없어요."

처음 듣는 소리라고 여러 번 말해도 경찰들은 막무가내다. 아…… 이 난관을 어떻게 헤쳐나가야 할까? 고스란히 300유로를 갖다 바쳐야 하나? 내게 이런 시련이 닥치다니……. 어쩔 수 없다. 최대한 불쌍하게 보일 수밖에. 흑.

"사실 저 돈이 없어요. 그리고 오늘 밤 노비사드에 묵지 않고 야간열차 타고 바로 부다페스트로 떠날 거예요."

그러고는 내 여행 일정표를 그들에게 보여주었다.

"자, 보이죠? 이렇게 돌다가 다음 달에 한국으로 돌아갈 거예요."

"음…… 네 사정은 알겠어. 근데 난 네가 스탬프가 없다고 체크했고 벌써 리스트에 올려버렸는걸."

"그럼 어떻게 해야 하나요? 전 가진 돈도 없는데."

나는 힘이 빠진 흐리멍덩한 얼굴로 그들을 초점 없이 바라보았다. 이윽고 한 경찰이 종이에 한참을 뭐라 뭐라 길게 적어 내려갔다. 대체 뭐라고 적고 있는 걸까?

"그래 알았어. 다음부턴 세르비아에 오면 무조건 경찰서로 가서 스탬프를 받아와."

"흐발라! 흐발라(고맙습니다)!"

아마 위반사항을 없었던 것으로 수정하는 내용을 적은 듯했다. 눈물이 앞을 가렸다. 30유로였더라도 흥정(?)에 들어갔겠지만, 300유로라고 하니 정말 눈앞이 깜깜했다. 아직까지 긴장을 놓지 못하고 있었던 나는, 부들부들 떨리는 몸을 이끌고 밖으로 나가려 했다. 그런데 경찰이 붙잡는다.

"다른 데 가지 않아도 돼. 여기 계속 있어도 좋아."

으응? 뭐라고? 너 같으면 여기 있고 싶겠니? 왜 붙잡는 거야? 왜, 왜, 왜!

그 자리가 어찌나 불편하던지 후다닥 나가려는 참이었는데, 이상하게도 나는 냉큼 다시 앉아버렸다. 일단 상황이 종결되자 이 둘은 언제 그랬냐는 듯 웃으며 말을 걸어왔다. 이 경찰들의 이름은 데이연과 젤리코.

"혼자 여행하는 거야?"

"네. 총 50일이고 오늘이 12일째예요."

"참 용감하구나. 위험할 것 같은데……. 게다가 너는 여자잖아!"

데이연이 또 말을 건다.

"한국은 기술적으로 많이 진보되어 있어. 특히 휴대폰은 ○○이 유명하지? 옆에 젤리코가 ○○ 마니아야."

"그래요? 제 폰도 ○○ 건데."

"정말? 보여줘 봐!"

휴대폰을 꺼내서 보여주자, 유럽에선 흔히 볼 수 없는 하얀색 기종이어서 그런지 둘은 무척 신기해한다.

"정말 예쁘다! 안에 봐도 되니?"

"그럼요. 봐도 돼요."

"와! 한국어야! 정말 신기하다."

이 경찰들, 이렇게 순진한 사람들이었나? 내게 두려움과 공포를 안겨다 준 두 경찰이 이제는 내 앞에서 저렇게 순진한 얼굴로 웃고 있다.

데이연은 세르비아에서 사용하는 '키릴문자'에 상당한 자부심을 가지고 있었다.

"키릴문자를 쓰는 나라는 세르비아와 크로웨이샤(크로아티아)야. 그리고 러

데이연과 젤리코

시아와 불가리아는 키릴문자랑 약간 비슷하지."

"그렇군요. 제가 아는 말이라곤 '즈드라보(안녕)' '흐발라(고맙습니다)' '이즈비니(미안해)'밖에 없어요."

"그래? 그럼 내가 우리나라 알파벳을 가르쳐줄게! 단 5분이면 완벽히 읽을 수 있을 거야!"

이 상황이 범죄자(!)와 경찰 사이의 대화란 걸 누가 감히 상상이나 하겠는가! 데이연은 내 노트에 키릴문자와 라틴어에서 공통적인 알파벳을 먼저 적은 뒤 다른 알파벳들도 이어서 적는다.

"영어는 말이야, H를 '에이취'와 같이 세 발음을 해. 이상한 것 같아. 왜 그렇게 읽어? 이걸 봐. 우리는 '허'라고 한 발음만 한다구."

나는 곧장 따라 했다.

"허!"

"좋아!"

그는 한참 내 노트에 키릴문자를 주루룩 적어놓고 발음을 따라 해보라고 하더니, 이제는 문제까지 낸다.

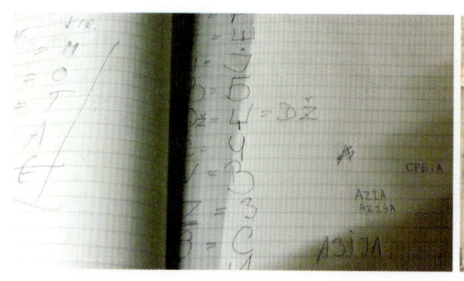 

경찰들에게 배운 덕분에 읽을 수 있었던 '파블라 파파'

"자, 이 글자는 어떻게 읽어야 할까?"
"아지…… 아?"
"맞아, 잘했어. '아지아'라고 읽어. 아시아라는 뜻이야."

나는 정답을 맞히려고 열을 올렸고, 그들은 내가 맞히고 나면 잘했다고 칭찬을 해줬다. 방금까지의 300유로 사건은 까맣게 잊어버린 듯 나는 금세 기분이 좋아졌다. 이번에는 젤리코가 화제를 바꿔 말을 건다.

"한국 말이야, 얼마 전에 전쟁 날 뻔하지 않았어?"

아마 천안함 사건을 두고 말하는 것 같았다.

"한국은 분단돼 있지?"
"네, 남한과 북한으로요."
"대체 왜 그래? 너흰 같은 민족이잖아."

'너흰 같은 민족이잖아'라는 말 앞에서 무슨 말을 해야 할지 말문이 막혀왔다. 유럽의 작은 나라 세르비아의 한 경찰이, 아니 한 시민이 우리나라의 분단 문제를 두고 한민족인데 왜 그렇게들 갈라서 있느냐고 묻는데 난 어떤 대답을 해야 할지……

모던한 느낌의 노비사드 기차역

처음 그들과 만났을 때 완전 풀이 죽어 있던 내 모습은 온데간데없고 언제 그랬냐는 듯 그들과 2시간 내내 웃고 떠들어댔다. 갑자기 젤리코가 내게 펜과 종이를 달라더니 뭔가를 적기 시작한다.

"혹시 오늘 노비사드에 있다가 무슨 일이 생기면 여기로 연락해. 내 전화번호랑 이메일이야."

"흐발라, 흐발라, 젤리코!"

"다음에 세르비아에 오면 연락해. 이제 우리는 친구야!"

'friends'라고 정확히 힘주어 말하던 데이연. 이윽고 기차는 노비사드에 멈춰 섰고, 우리는 악수를 한 뒤 헤어졌다. 마지막까지 범죄자(!)인 내게 조심하라는 말 한마디를 잊지 않고 해주던 그들. 정말 감동이구나. 고마워요, 세르비아 경찰들!

정말 천국과 지옥을 오간 것 같다. 나는 엄연한 범법자가 맞았지만 이를 눈 감아준 경찰들. 그리고 그걸 계기로 이들과 친구가 되다니. 게다가 키릴문자까지 배우게 될 줄이야. 앞으로 세르비아를 절대로 잊지 못할 것 같다. 절대……

그 여자가 잠자는 법
Budapest, HUNGARY

으아악, 뭐냐 이거!

　노비사드에서 부다페스트로 가는 야간열차는 정말이지 아주 끔찍했다. 전 유럽에서 노비사드 EXIT 뮤직 페스티벌로 몰려든 사람들과 한 기차를 타게 될 줄이야. 8인실 컴파트먼트가 꽉 찬 건 기본이고, 모두들 복도에 배낭을 깔고 쭈그려 앉아 있다. 이 상황에서 추가 운행은커녕 평소 그대로 운행하다니. 이러니 잠이 오겠는가! 게다가 내가 끼어 있는 곳은 기차 객실의 '딱' 중간이어서 화장실에 가고 싶어도 꼼짝도 못하고 있다. 애써 마음을 가라앉히려고 눈을 감고 있는데 한 영국 남자애가 내게 말을 건다. 나는 잔뜩 찡그린 얼굴로 대답했다.

"왜? 뭔데 그래?"

"저기 자리 하나 비워놨으니까 거기 앉아서 가."

아뿔싸! 난 그런 줄도 모르고 톡 쏘아 붙였는데…….

"난 괜찮아. 네가 앉아."

"아니야. 네 자리 일부러 만든 거니까 가서 눈이라도 좀 붙여."

순간 미안함과 고마움이 동시에 밀려왔다. 그러나 그 좁아터진 컴파트먼트조차도 사람들로 가득 차서 보는 것만으로도 숨이 막힐 지경이었다.

"미안한데, 나 화장실 좀 가야겠어."

그러자 배낭과 뒤엉켜 복도에 널브러진 사람들이 하나둘씩 일어나기 시작한다.

"미안, 미안!"

한 명 한 명 지나칠 때마다 미안하단 말을 몇 번이나 했는지 모르겠다. 발 디딜 틈이 없어 머뭇거리자 다들 자기 배낭을 밟고 가라고 한다.

"안 돼. 어떻게 그래."

"괜찮으니깐 그냥 밟고 가."

다들 짜증이 날 법한데도 얼굴을 찌푸린 사람은 아무도 없었다. 어렵사리 화장실 앞에 도착했으나 여기도 사람들로 가득했다. 문가에 서 계시던 한 세르비아 아주머니께서 걱정스러운 얼굴로 말을 거셨다.

"괜찮니?"

내 안색이 매우 안 좋았나 보다. 나는 애써 웃으며 "괜찮아요, 고마워요"라고 답했다. 화장실에 앉아서 일을 보는데 정말 나가고 싶지 않았다. 저 끔찍한 전쟁터로 또 가야 하나. 답답한 마음에 기차 문 쪽에 기대어 섰다. 이번에는 어느 할아버지께서 말을 걸어오셨다.

"괜찮아. 조금 이따 기차가 잠깐 멈추면 신선한 공기를 마실 수 있을 거야."

"고마워요. 참, 제 짐이 저기 있는데 어떻게 갖고 내리죠?"

"국경 지역에 도착하면 여권검사를 하니까, 그때 네 짐을 여기로 옮길 수 있을 거야. 너무 걱정하지 마."

한참 예민해진 상태였는데 주위에서 위로를 해주니 어찌나 고맙던지. 그리고 그런 내가 얼마나 부끄럽던지……. 이 상황에서 화난 표정이나 찡그린 표정을 짓는 사람은 '나' 빼고는 아무도 없었기 때문이다. 그분들과 대화를 나누다 보니 슬슬 기분이 풀렸다. 새벽 2시가 다 되어 가는데도 기차 한쪽에서는 기타 치고 노래를 부르는 등 아수라장이 따로 없었다. 그러나 누구도 그들을 터치하거나 뭐라고 하지 않았다. 이제는 그 상황에서 웃고 있는 내 자신을 발견하게 됐다.

세르비아 아주머니께서는 내리시기 전 조심스러운 얼굴로 "Be careful!" 하시고는 내 등을 쓰다듬어주셨다. 낯선 동양인 여자에게 건넨 그 따스한 말 한마디가 얼마나 고맙던지……. "흐발라! 안녕히 가세요."

이윽고 기차가 부다페스트역에 도착했다. 그런데 그 많던 사람들이 죄다 이

세체니 다리 입구에 있는 사자상. 조각가는 사자의 혀가 없다는 지적을 당한 뒤 괴로움에 자살했다는 설이 있다.

역에서 내렸다. 허탈한 마음으로 역에 내려 떠나는 기차를 바라보았다. 객실은 텅텅 비어 있었다.

터벅터벅 숙소로 향했다. 그런데,

"체크인은 오후 2시부터니까 그때 다시 오세요."

"아니, 뭐라구요?"

지금 아침 7시도 안 됐는데······. 당장 씻고, 뭐라도 먹고, 두 발 뻗고 자고 싶었지만, 별수 없는 노릇. 어쩔 수 없이 거리를 나서야 했다. 몸도 마음도 지쳤는데 기분이 날 리가 있나. 천근만근인 몸을 끌고 환전소를 찾아갔다. 그러나 이른 아침인 터라 문을 연 곳이 없었다. 배는 고프지, 포린트(헝가리 화폐)는 없지, 바로 앞에 빵집은 보이지······ 미칠 노릇이다!

9시가 되자 환전소 한 곳이 문을 열었다. 급하게 환전을 한 뒤, 눈앞에 보이는 빵집으로 달려가 빵과 요구르트를 사서 미친 사람처럼 우걱우걱 먹어치웠다.

체크인은 오후 2시거늘 어디서 어떻게 시간을 때워야 하지? 세체니 다리라도 한 번 보고 올까? 발걸음을 옮겨 다리 쪽으로 향하는데 어떤 키 큰 남자가 빠른 발걸음으로 내 뒤를 따라온다. 그리고 내 앞을 가로막으며 내뱉은 한마디,

"경찰이야. 여권 보여줘 봐."

품, 뭐지? 지갑에서 경찰 같아 보이지도 않는 신분증을 꺼내며 여권을 꺼내라고 위협한다. 한눈에 봐도 딱 '가짜 경찰'이었다. 그 상태에서 그의 두 눈을 똑바로 보며 썩은 미소를 날려줬다. 그리고 유유히 뒤돌아서 걸어갔다. 그는 돌아서서 가는 나를 부르지도, 잡지도 않는다. 아니, 못 잡는 거겠지. 누구를 바보로 아나? 당신들 수법 따윈 이미 익히 들어서 알고 있거든!

아, 그나저나 잠이 너무너무 쏟아진다. 눈앞에 보이는 교회로 들어가 의자에 엎드려서 한참을 자다가 왠지 이건 아니다 싶어 다시 나왔다. 이번에는 벤

치로 가서 또 꾸벅꾸벅 조는데 지나가는 사람들마다 '밥은 먹고 다니냐'는 표정이었다. 그렇게 대충 시간을 보내다 보니 어느덧 시계가 2시를 가리켰다. 언제 올까 싶었던 2시가 드디어 온 것이다! 당장 숙소를 향해 달려가 기쁜 마음으로 체크인을 했다.

방으로 와서 씻고 밀린 빨래 한 뭉텅이를 한 뒤 바로 뻗어버렸다. 얼마나 잤나? 일어나서 시계를 보는데 밤 8시를 가리키고 있었다. 하루 종일 내리 잠만 자다니……. 교회에서 자다가, 벤치에서 자다가, 숙소에서 자다가 아니, 뭐 이런 흥미진진한 부다페스트 여행담이 다 있나!

그래도 한숨 자고 나니 살 만해진 것 같았다. 주섬주섬 옷을 챙겨 입고 야경을 보러 가기 위해 숙소를 나서는데, 익숙한 사람이 한 명 걸어온다. 낮에 체크인할 때 잠깐 보았던 한국인 H군이었다. 베네치아에서 야간열차를 타고 오늘 부다페스트에 왔다며 이제 막 길을 나서려던 참이었단다. 우리는 배가 고파 식사를 먼저 하기로 했다. 바찌거리에 들어서서 레스토랑 음식의 가격을 확인하는데 생각보다 비쌌다. 루마니아와 불가리아에 있을 때는 저렴한 물가

세체니 다리의 조명은 밤이 되어야 비로소 진가를 발휘한다.

에 행복한 비명을 지르다가 여기에 오니 왜 이렇게 비싸게 느껴지는지. 체감 물가가 서유럽을 방불케 했다. H군이 한마디 거든다.

"이탈리아에 있다가 여기에 오니 물가가 정말 싸네요!"

나는 잠시 '멍'했다. 서유럽에 비하면 여기는 저렴한 편이었구나. 더 저렴한 곳에 있다 와서 그런지 잠시 망각했나 보다. 식사를 마친 후 본격적으로 야경을 보러 나섰다. 골목을 돌아나가자 반짝반짝 눈부신 조명들이 보이기 시작한다. 세체니 다리였다.

"와, 멋있다!"

'유럽 최고의 야경'이라는 꼬리표답게 이번 여행에서 본 야경 중에 가장 멋졌다. 세체니 다리는 '부다' 지역과 '페스트' 지역을 이어준 최초의 다리로, 조명이 들어오면 마치 '사슬'처럼 보인다고 해서 '세체니'(영어로는 chain)라는 이름이 붙었다고 한다. 이곳에 오니 영화 《글루미 선데이》가 떠올랐다. 영화에 삽입된 〈안드라쉬 테마〉가 귓가에 울려 퍼지는 것 같았다. 한창 감상에 젖어

부다페스트에서 가장 규모가 큰 재래시장인 '중앙시장'. 파리의 에펠탑을 설계한 에펠이 디자인했다고 한다.

있는데 H군이 입을 열었다.

"로마에 있을 때 가방을 털렸어요."

그는 로마의 밤거리를 돌아다니다가 소매치기를 만난 얘기를 해줬다. 다행히 가방 외피만 찢기고 안감은 찢기지 않았단다. 하지만 그 뒤로는 밤에 잘 돌아다니지 못하겠다고. 하물며 나는 어떻겠는가. 이래봬도 여잔데! 평소 모험을 좋아하고 겁도 없는 편이지만, 이렇게 소매치기 경험담을 직접 들으니 오싹했다. 비단 소매치기만이 아니라 늦은 밤에 혼자, 그것도 여자 혼자 돌아다니는 것이 위험한 건 사실이기에 멋진 야경을 볼 수 있게 해준 H군의 존재가 새삼 감사하게 여겨졌다.

01 소고기와 채소를 넣고 끓인 수프, 헝가리 전통음식 '굴라쉬'
02 '렛초'라는 헝가리 전통음식. 파프리카, 페퍼로니 등이 들어간 스튜이다.

히치하이킹 해보셨나요?
Prague, CZECH

우르르 쾅쾅!

   앗, 비가 오려나? 깨어난 시각은 새벽 5시 30분. 그러나 이미 밝아야 할 하늘이 어두컴컴하기만 하다. 오늘은 아침 7시에 출발하는 버스를 타고 프라하로 떠나야 한다. 그런데 배낭을 메고 숙소를 나서려는 순간, 비가 후두둑 떨어진다. 이것, 참! 어제 먹는 것에 돈을 다 써버려서 수중에 남은 돈은 겨우 200포린트(약 1,100원). 1유로도 안 되는, 시내버스비도 나오지 않는 금액이라

서 프라하로 가는 버스를 타는 곳까지 걸어가야 한다. 지도로 봤을 때는 걸어서 30분 정도면 될 줄 알았더니 가도 가도 끝이 보이질 않는다. 버스 출발 시각은 점점 가까워져 오는데 갈 길은 멀기만 하고, 점점 마음이 조급해진다.

이 버스 놓치면 4,400포린트(약 25,000원)가 날아가! 절대 놓치면 안 돼!

비가 와서 일부러 슬리퍼를 신었건만, 빗물에 젖어 자꾸 발이 미끄덩거리며 빠진다. 배낭을 멘 채 달리다 걷다 달리다 걷다 하다 보니 출발이 10분밖에 남지 않았다! 이대로 가다가는 7시를 넘겨 도착할 것 같다.

안 되겠다 싶어 메트로라도 타고 갈 요량으로 지나가는 사람들에게 돈을 구걸하기 시작했다.

"실례지만, 혹시 100포린트 있으신가요?"
"#@$#^%$$!@#!@#$"

다들 알아듣지 못하는 헝가리말로 뭐라 뭐라 한다. 결국 포기하고, 이번엔 다짜고짜 지하에 있는 메트로 매표소 창구로 뛰어갔다.

"1회권 얼마죠?"

"340포린트"

"아 이런, 잔돈이 부족해요. 혹시 유로도 받으시나요?"

"……(절레절레)"

아이고, 눈물이 앞을 가린다. 온몸은 땀으로 범벅됐지, 당황해서 얼굴은 벌겋게 달아올랐지, 눈은 놀란 토끼 눈이지…… 정말 미칠 지경이다. 이 버스 놓치면 안 되는데…….

어쩔 수 없이 히치하이킹이라도 해야겠다고 생각했다. 시계를 보니 벌써 출발 5분 전이다! 저 블록만 지나면 버스 타는 곳이 나올 것 같은데 걸어가기엔 너무 먼 당신. 나는 차가 지나갈 때마다 엄지손가락을 번쩍 들어올리기 시작했다. 한 가닥 실오라기 같은 희망을 안고. 그러나 멈추는 차마다 "메트로 타고 가세요"라는 말만 되풀이할 뿐이었다.

한 다섯 번째 시도였나? 어느 아주머니께서 차를 세우셨다.

"정말 죄송한데요, 제가 타야 할 버스가 7시 출발인데 늦을 것 같아요. 가진 포린트가 부족해서 메트로도 못 타요. 죄송하지만 요 앞 버스터미널까지만 태워다 주시면 안 될까요?"

아주머니는 간절한 내 마음을 아셨는지 단번에 "오케이" 하셨다.

"커즈넘, 커즈넘, 커즈넘, 커즈넘(고맙습니다)!"

몇 번을 외쳐댔는지 모르겠다.

도착하고 보니 출발 2분 전. 휴우, 몰려들었던 긴장감이 순식간에 풀린다. 그렇게 무사히 버스에 올라탔다. 이번 여행은 하루 온종일 긴장을 늦출 수가

체육관을 개조한 듯한 프라하의 호스텔. 무려 70인실이다!

없구나. 언제 어디서 무슨 일이 터질지 모르겠다, 정말.

버스는 슬로바키아를 거쳐 프라하에 도착했다. 플로렌스 터미널에 내려 환전을 한 뒤 트램을 타고 가려는데, 트램 번호와 내려야 할 정류장만 적어 와서 어디서 타야 할지 몰라 난감했다.

"혹시 6, 9, 12, 22, 23번 트램 타는 정류장 아시나요?"

"가려는 곳 주소 있나요?"

"자, 여기 있어요."

네 번째 요청 끝에 한 젊은 남성의 도움을 받을 수 있었다. 그는 펜을 꺼내더니 메트로 B를 타고 버스정류장에 내려서 트램을 갈아타라고 적어준다. 너무나 자세한 설명에 감동받아 "제꾸이(고맙습니다)!"라고 말했더니 함박웃음을 지어준다. 하아, 마음이 사르르 녹아버린다.

그의 도움으로 숙소는 어렵지 않게 찾아올 수 있었다. 그런데 놀라운 것 하나. 방은 하난데 70인실! 호스텔 스탭은 또 얼마나 친절한지! '도브리덴(안녕)' '제꾸이(땡큐)' '쁘로민떼(쏘리)' '아노(네)' '네(아뇨)'를 읊어댔더니 무척 좋아한다. 이로써 짧은 여행 동안 현지인들에게 호감 사는 법을 확실히 익힌 것 같다. 하하하!

와, 이렇게 예쁜 곳이었다니!

트램을 타고 프라하 시내를 구경하는데 입에서 감탄사가 절로 터져 나온다. 프라하는 나의 예상을 훨씬 뛰어넘었다. 정말이지 마음에 쏙 든다. 항상 숙소에 도착하면 잠시라도 쉬다가 구경나오곤 했지만, 오늘만큼은 당장 뛰쳐나가고 싶었다.

무작정 발길 따라 걷다가 온통 페인트칠로 도배된 존 레논 벽을 지나치게 되

자유를 상징하는 존 레논 벽

었다. 사실 이곳은 '존 레논'과는 전혀 관계가 없다고 볼 수 있다. 그가 여길 다녀갔다거나 낙서를 했다거나 노상방뇨를 했다거나 하는 것은 아니니까. 그러나 1980년, 그가 사망한 시점과 맞물려 공산정권에 대항하는 이곳 젊은이들이 자유를 향한 열망을 부르짖었고, 이 벽에 자신들의 염원을 표출했다고 한다. 빈 곳을 찾아볼 수 없을 정도로 가득 메운 낙서들은 그를 향한 그리움과 자유에 대한 갈망을 담고 있었다. 마침 어떤 아버지와 아들이 벽에 페인팅을 하고 있었다. 좋아, 계속 칠하고 계세요! 제 카메라에 담아드리겠습니다!

저기, 카를교가 보인다. 아아, 그나저나 왜 이렇게 가슴이 뛰는 거지? 프라하를 소재로 한 드라마나 책을 본 적도 없는데, 왜 이 다리를 밟고 있는 것만으로도 가슴이 벅차오르는 걸까? 알 수 없는 감동이 끝없이 밀려들었다.

카를교는 동유럽에서 가장 오래된 다리이다. 튼튼하게 만들기 위해 일부러 홀수가 들어간 날(1357년 7월 9일 5시 31분)에 짓기 시작했다고 한다. 카를 황

제가 꿈속에서 그때 착공해야 안전하다는 계시를 받아서 그랬다나 어쨌다나. 이곳은 오랜 세월 동안 홍수 때마다 다리가 소실되곤 했기 때문에, 프라하 시민들은 보다 견고하고 오래가는 다리를 바랐다고. 그러나 지금은 홍수로 넘쳐나는 대신 관광객들과 예술가, 노점상들로 넘쳐나니 이러다 또 무너지는 건 아닌지 살짝 걱정된다.

나는 지도를 접어 가방 구석에 집어넣었다. 프라하의 골목 하나하나가 너무나 예뻐 이것에만 집중하고 싶었기 때문이다. 이름도 모르는 골목 곳곳을 누비면서 나는 프라하만이 가지고 있는, 여타 다른 동유럽에서 발견하지 못한 매력에 흠뻑 빠져버렸다. '깔끔함, 아기자기함 그리고 편안함.' 내게 프라하의 모습은 바로 그것이었다. 게다가 왠지 모르게 풍겨오는 위풍당당함까지. 온갖 미사여구를 다 갖다 붙여도 모자라겠구나.

숙소에 도착해서 짐 정리를 하는데 내 침대 옆에 새로운 아이가 와 있다. (아까도 말했지만 이곳은 70인실이다!) 한국인인 것 같기도 한데?

"어디서 왔니?"

한 폭의 그림을 연상하는 듯한 체스키크룸로프

"타이완!"

휴, 한국어로 묻지 않아서 다행이다. 이 친구의 이름은 슈안. 무대디자인을 전공하는 학생으로, 50일 간 혼자 서유럽 위주로 돌 거란다.

"어라? 너도 50일간 여행해?"

"응!"

"나도 딱 50일이야. 신기하다."

"이따가 야경 보러 가고 싶은데."

"나도 보러 갈 건데, 같이 갈래?"

"물론이지!"

그렇게 슈안과 함께 프라하의 야경을 보러 나갔다. 우리는 벤치도 아닌 카를교 위, 사람들이 지나다니는 곳에 철퍼덕 앉았다. 어김없이 맥주 한잔을 들이키면서.

잠시 숨 가빴던 하루를 다시 되새겨본다. 비는 추적추적 내리지, 수중에 헝가리 돈은 부족하지, 하마터면 버스를 놓쳐 못 올 뻔했는데……. 무사히 도착하고 보니 프라하는 우울했던 부다페스트와는 달리 명랑하고 밝았다. 웃는 얼굴을 한 사람도 더 많은 것 같고.

단번에 나의 환심을 사로잡아버린 프라하, 만나서 반가워!

01 체코 전통음식인 돼지 뒷다리 구이 '꼴레뇨'. 맛은 족발과 거의 비슷하다.
02 달콤하고 맛있는 '뜨레들로'. 체코 전통 빵이다.

다섯 시간의 수다
Zagreb, CROATIA

프라하에서 3일간 머물다 도착한 곳은 크로아티아의 수도 자그레브. 길거리도 건물들도 모두 깔끔하고 정돈이 잘 되어 있는 듯한 인상을 받았다. 자그레브 기차역 인포메이션 센터에서 받은 지도에는 친절하게도 추천 경로가 표시되어 있었다. 그 경로를 따라 천천히 걸어보기로 했다.

   처음 간 곳은 자그레브를 대표하는 성 슈테판 성당. 이 성당은 '자그레브 대성당'이라고도 불리며, 1880년도에 지진으로 무너졌다가 다시 복원되었다고

한다. 고딕 양식과 쌍둥이 첨탑이 볼만하다고 하는데 쌍둥이 첨탑은 아쉽게도 보수공사 중이었다. 공사한답시고 구조물을 놓고 천막을 쳐놓아 제대로 볼 수 없었지만 이상하게도 별로 섭섭하지는 않았다.

'어디 어디 성당이 유명하더라'는 말을 들어도 내 기억에 남는 곳은 브라쇼브의 한 이름 모를 은색 지붕의 교회. 그곳에서 기도를 드린 탓인지는 몰라도 그때의 경건했던 느낌과 분위기가 생생하다. 무엇이 유명하더라, 어디가 좋다 해도 내게 아무런 느낌이 없으면 그저 그런 것일 뿐, 별 볼 일 없고 하찮은 것이라도 그곳에서 좋은 추억이 생긴다면 최고가 되는 것 같다.

발걸음을 옮겨 성당 바로 앞에 있는 재래시장 '돌락 마켓'으로 향했다. 시장 구경은 언제나 재밌다. 사람 냄새가 물씬 나니까. 새빨간 파라솔이 줄지어 늘어선 곳을 따라 안으로 들어가니, 푸근한 인상의 상인들이 과일, 채소, 꽃 등을 팔고 있었다. 구경 삼아 들렀건만 어느새 내 손엔 큼직한 자두 한 봉지가 들려 있었다. 과일을 좋아하지 않는 터라 살면서 내 손으로 과일을 사 본 적이 거의 없는데, 이런 일이 유럽에서만 벌써 두 번째다.

돌락 마켓

성 마르코 교회. 알록달록한 지붕이 인상적이다.

쉬엄쉬엄 구경을 다녔건만 더는 할 게 없어 숙소로 일찍 들어왔다. 심심해서 정원으로 나갔는데 같은 방을 쓰는 세바스찬이 보인다. 덴마크에서 왔다는 세바스찬과 어제 잠깐 얘기를 나누었는데, 여자친구가 한국인이라고.

"맥주 마실래?"

대답할 겨를도 없이 그가 내 것까지 주문을 해버린다. 곧이어 테이블에 나온 건 맥주가 아니라 크로아티아 전통 보드카였다. 진토닉과 비슷한 맛이 나면서도 약간 더 진했다. 이윽고 그의 친구들 켈레트, 라세도 왔다. 넷이 둘러앉아 얘기하는데, 남자들이라 그런지 축구 얘기를 많이 한다.

"킴, 나 지숭팍 알아!"

"그래. 잉글랜드 프리미어 리그에서 뛰고 있잖아."

"맨체스터 유나이티드!"

그들은 박지성이 축구를 진짜 잘한다고 칭찬을 자자하게 늘어놓는다.

"근데 덴마크는 축구를 못해서 속상해."

"그래?"

"유럽에서 제일 못할걸."

"피파랭킹 몇 위인데?"

"32위야."

"에이, 한국보다 높은걸."

"근데 킴, 이거 알아? '킴'은 덴마크에서 남자 여자 모두 쓰는 이름이야."

"정말이야? 나 처음 알았어."

"대부분 남자 이름이고, 여자들은 킴벌리를 줄여서 킴이라 불러."

'킴'이 국제적인 이름이었다니! '킴'이란 이름은 여행 내내 환대를 받고 있다. 이유는 '짧아서'. 동양인들의 이름은 보통 발음하기 어려운데 킴은 쉽다며 좋아한다.

박지성을 좋아하는 덴마크 남자 셋이 떠나고 혼자 테이블에 앉아 있는데 숙소 주인인 마이클이 오더니 자그레브에 대한 자랑, 숙소에 대한 자랑을 한껏 늘어놓았다. 그에게 방금 내가 마신 보드카 이름을 묻자 한 잔 더 준다며 기다리란다. 이번엔 못 보던 사람들이 숙소에 들어왔다. 벨기에서 온 여자들. 오자마자 '벨기에 와플'과 '초컬릿'이 너무나 그립다며 울상이다. 하하하. 마치 우

리나라 사람들이 밥과 김치가 그립다는 것과 같은 이치랄까?

"여행 다니면서 어느 나라가 제일 좋았어?"

그녀들이 내게 물었다.

"난 루마니아가 제일 좋았어."

"루마니아라구?"

"응."

"거기 엄청 위험한데! 우리 할아버지는 루마니아 가셨다가 갱들한테 맞고 지갑까지 털렸어."

"헉."

"루마니아랑 불가리아 동네가 원래 엄청 위험해. 게다가 너는 혼자잖아. 여자이기도 하고."

"그 정도인 줄 몰랐어. 난 친절한 사람들을 많이 만나서 좋은 추억으로 남아 있는걸."

"동유럽 중에서도 그 나라들은 특히 위험해! 너는 운이 굉장히 좋았던 거야."

정말 운이 좋았던 건가? 사람들은 내가 불가리아부터 시작해서 루마니아랑 다른 나라들을 거쳐서 여기 왔다고 하면, 유독 그 두 나라에서 혼자 여행한 걸 의아하게 생각했다. 기분 좋은 추억으로 가득한 나라들인데 안타까운 마음이 들었다.

그들과 헤어지고 방에 들어와 시계를 보니 다섯 시간이나 흘러버렸다. 허허허. 이건 대체 여행하러 온 건지 수다 떨러 온 건지…….

지구 상에 이런 곳이 존재한다니!
Plitvicka jezera, CROATIA

아침에 일어나니 쪽지 한 장이 눈에 띄었다. 같은 방에서 자고 있는 덴마크 아이들로부터. 어젯밤 파티에서 늦게 들어왔는지 오늘 아침 일찍 떠나는 내게 미리 쪽지를 남긴 것이었다. 만나서 반가웠다는 내용과 함께 페이스북에 추가해달라며. 쪽지를 확인하고 숙소를 나서서 버스터미널로 향했다. 플리트비체로 가는 버스에 올라타고서 출발을 기다리는데, 어떤 여자가 활짝 웃으며 말을 건다.

"호스텔리카에서 머무셨죠?"

"어? 네, 맞아요."

"어제 숙소에서 그쪽을 봤어요."

그러고 보니 얼핏 나도 본 것 같기도 하고……. 이 여자는 홍콩에서 온 노리스. 그녀도 혼자 여행 중이라고 했다.

"플리트비체 갔다가 어디로 가세요?"

"전 스플리트로 가서 거기서 묵을 예정이에요."

"어랏? 나둔데."

버스는 2시간여를 달려 플리트비체에 도착했다. 게시판에는 친절하게도 소요 시간별 추천 코스가 표시되어 있었다. 어떤 코스를 돌지 고민하다가, 호수 주변을 산책한 다음 페리를 타고 호수를 건너서 열차를 타고 다시 입구로 돌

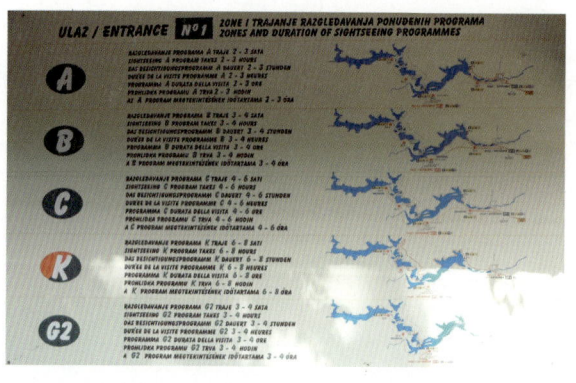

플리트비체의 5가지 코스. 각 코스별로 소요되는 시간이 적혀있어 매우 유용하다.

아오는 C코스를 선택했다. 마냥 호수를 걸어 다니는 줄로만 알았는데 이것저것 탈것이 많구나! 신 난다.

입구에 들어서자마자 계단식 호수가 눈앞에 펼쳐진다. 생각했던 것보다 훨씬 맑고 깨끗해서 마음까지 정화되는 느낌이다. 이건 아무리 봐도 지구 상에 존재할 수 없는 경관이라구!

"우리 사진 많이 찍어요."

노리스는 한껏 신이 나서 내게 말을 붙인다. 오랜만에 동행이 생겨서 가는 곳마다 마음에 드는 배경을 찾아 사진을 찍기 시작했다. 노리스도 그동안 사진을 많이 찍지 못했다면서 사소한 것 하나 놓치지 않으려는 듯 마구 셔터를 눌러댄다. 그런데 카메라 앞에 선 노리스의 포즈가 심상치 않다.

"노리스, 포즈가 예사롭지 않은데요?"

"홍콩의 어느 모델 포즈를 보고 혼자 따라 한 거예요. 호호호."

노리스의 포즈는 그야말로 19금 달력에서 자주 봤던 포즈!

코스를 다 둘러보고 나니 4시간이 걸렸다. 우리는 막차를 타고 스플리트로 향했다. 누군가 스플리트행 버스는 오른쪽 창가에 앉는 걸 추천한다길래 내내 오른쪽에 앉아갔는데, 솔직한 내 심정을 말하자면 음…… 정말 그냥 그랬다. 더군다나 가는 내내 내 자리로만 햇빛이 내리쬤고, 덕분에 내 몸은 지글지글 익어갔다. 그래도 좋은 풍경을 본답시고 꾹 참아가며 커튼을 열다 닫다 반복했다. 어느덧 곯아떨어져 정신없이 자고 있는데, 노리스가 나를 흔들어 깨운다.

"킴! 저기 봐봐!"

멋진 풍경이 눈앞에 펼쳐지고 있었다. 다른 곳에서는 볼 수 없는, 이 지역만의 독특한 풍광에 잠이 홀랑 깨버렸다. 하얀 석회 바위산 사이사이로 자라나온 푸른 나무들이 보였다. 한국 산에 비한다면야 울창하다고 할 수는 없지만, 돌을 뚫고 뿌리를 내린 나무를 보자니 신기하기도 했고 왠지 감동적이기도 하고.

이윽고 스플리트 버스터미널에 도착했다. 아니나 다를까, 버스에서 내리자마자 여기저기서 사람들이 들러붙는다. 여태 많은 도시를 거쳐 왔지만 이렇게 많은 호객꾼을 보기는 처음이다. 도착한 시간이 너무 늦어서 호객꾼이 한 명도 없으면 어떡하나 고민했는데 한시름 놓았다. 왜냐하면 노리스와는 달리 나는 숙소를 예약하지 않고 왔기 때문이다. 내가 예약하지 않고 왔다고 하자 한 아주머니께서 유독 집요하게 달라붙으신다. 다른 호객꾼이 내게 가격을 제시하려고 하면 화

노리스

까지 낸다.

"2박 할 건데 얼마예요?"

"350쿠나(약 50유로)."

"너무 비싸요. 죄송하지만 다른 데를 알아볼래요."

"얼마 생각하고 있는데 그래요?"

"2박에 150쿠나(약 21유로)요."

크로아티아의 물가는 서유럽과 비슷해서 내가 불가리아나 루마니아에서 머물렀던 수준으로 제시한 가격은 사실 터무니없는 것이나 마찬가지였다.

"사람 바글거리는 호스텔도 1박에 20유로예요."

"그래도 너무 비싸요."

"그럼 300쿠나로 해요."

"200쿠나 어때요?"

"안 돼요! 280쿠나."

"250쿠나."

아주머니는 계속 가격을 낮추고 나는 거기에 맞춰 조금씩 더 올렸다. 그렇게 하다가 2박에 260쿠나(약 36유로)로 합의를 봤다. 노리스와 헤어지고 아주머니를 따라 숙소에 도착하고 보니 싱글룸이었다. 매번 사람 바글바글한 도미토리에서 지내다가 싱글룸에 오니 천국이 따로 없구나.

어쨌든 오늘 하루도 무사히 잘 넘겼고, 노리스를 만나 심심하지 않은 하루를 보낼 수 있었다. 오늘 밤은 편안하게 잘 수 있을 것 같다.

내 생각을 완전히 부숴버린 사라예보
Sarajevo, BOSNIA HERZEGOVINA

보스니아 헤르체고비나의 수도 사라예보로 가는 첫차를 타기 위해 아침 일찍 길을 나섰다. 버스 안에서 멍하니 창밖을 내다보고 있던 나는 문득 누군가의 말이 떠올랐다. 발칸반도가 고립되고 발전하기 힘든 이유 중 하나가 바로 이곳의 험준한 지형 때문이라고. 그러나 그 덕택에 자연환경이 파괴되지 않고 이렇게 잘 보존되고 있는 게 아닐까.

점심때가 훌쩍 지나 사라예보에 도착했다. 몇 시간째 버스에 앉아만 있었더

사라예보로 가는 버스에서 본 풍경. 마치 또 다른 스위스를 보는 것 같았다.

니 엉덩이가 의자에 달라붙는 것 같았다. 버스에서 내리니 후끈후끈한 열기가 온몸을 휘감는다.

사라예보는 어릴 때 가끔 뉴스에서나 들어본 이름이다. 전쟁, 유고슬라비아, 세르비아의 공격, 인종 청소 등 무시무시하고 섬뜩한 느낌이 들게 하는데, 이런 고정관념이 이번 여행에서도 쉽게 뇌리를 떠나지 않고 있었다. 그런데 트램을 타고 이동하다가 그만 깜짝 놀라고 말았다. 사라예보, 이렇게 예쁜 곳이었어? 이처럼 평온하고 아름다운 곳이 15여 년 전에는 참혹한 전쟁터였다니. 내 생각과는 180도 전혀 다른 곳이었다. 왠지 이곳이 좋아질 것 같은 예감이 든다.

어제 예약했던 숙소에 도착해서 체크인을 하려는데, 헉! 나를 받아줄 수 없다고 한다.

"왜요?"

사라예보 올드타운

"그쪽이 예약을 25일로 해서 우리도 어쩔 수 없어요."
"그럼 오늘은 빈방 없는 거예요?"
"안타깝게도 꽉 찼네요."

아, 이런. 날도 더워 죽겠는데 또 다른 곳을 찾아 나서야 하다니! 사실 어젯밤에 부랴부랴 숙소 예약을 하느라 실수로 그만 날짜를 잘못 입력해버린 거였다. 곧바로 수정해달라는 메일을 보냈고 몇 번 그런 적이 있어도 잘 넘어갔기에 편안한 마음으로 왔는데 받아줄 수 없다니.

"혹시 다른 숙소 추천해주실 수 있으신가요? 여기서 가까운 곳으로요."
"그럼요. 여기 찾아가보세요."
"고맙습니다."

문밖을 나서려는데 주인이 붙잡는다.

"주스 한잔 마시고 가세요."

내게 주스와 쿠키를 건네던 마음씨 좋은 주인. 흐발라! 발걸음을 옮기는데도 귀찮은 생각이 전혀 들지 않는 이유는 무엇일까? 숙소에서 퇴짜를 맞았지만 기분은 들떠 있었다.

"빈방 있나요?"

"아까 다른 숙소 방이 꽉 차서 이쪽으로 오신 분 맞죠?"

"맞아요."

"네. 전화 받았어요."

음수대가 있어 물을 마실 수 있는 '세빌리'. 밤에는 예쁜 조명이 켜진다.

주인아주머니께서 굉장히 반갑게 맞아주신다. 내가 만난 크로아티아 사람들은 대체로 무뚝뚝한 편이었는데, 여기 사람들은 참 잘 웃고 친절한 것 같다. 짐을 푼 뒤 곧장 시내로 나왔다. 한시라도 빨리 이곳을 둘러보고 싶은 마음이 커졌다. 생각했던 것보다 훨씬 아름다웠고, 훨씬 깨끗했고, 훨씬 안전했고, 여하튼 모든 게 훨씬 나았다.

처음에는 여기가 터키인가 싶었다. 모스크와 미나렛(이슬람 사원의 첨탑)이 보이니 낯설기도 하면서 흥미롭기도 하고. 아니나 다를까 거리에는 히잡을 쓰고 다니는 여성도 많이 보인다. 모스크뿐만이 아니라 시나고그(유대교 예배당), 성당, 교회 등 온갖 종교의 예배당들이 죄다 모여 있었다.

보스니아 헤르체고비나를 비롯한 여러 발칸 국가들은 지정학적 위치 때문에 항상 외세의 침입에 시달려야 했다. 사라예보가 오스만제국의 침략을 받았을 때 이곳에 많은 모스크가 세워졌고, 또 다른 민족에 의해 교회가 세워지고, 성당이 세워졌다. 이것만 보더라도 발칸반도의 역사가 얼마나 복잡하고 얽히

내전 당시의 탄흔이 고스란히 남아 있는 담벼락

고설켜 있는지 짐작이 간다.

이곳은 15여 년 전 내전 시절, 무차별적으로 쏘아댄 총탄과 포탄 자국이 현재도 건물마다 곳곳에 남아 있었다. 탄흔으로 얼룩진 건물들 앞에 서서 사진기를 꺼내 들었다. 그러다 멈칫. 이런 사진을 찍어도 되는 걸까……. 혹여나 이 앞에서 사진 찍고 있는 나를 현지인이 보게 된다면 무슨 생각을 할까……. 순간 내 자신이 너무 부끄러웠다. 그리고 전쟁으로 죽어간 혹은 상처 입은 사람들에게 미안한 마음이 들었다.

지도를 보다 곧 싫증이 나버렸다. 모스크나 성당만 줄기차게 표시되어 있었기 때문이다. 그것들이 대체 내게 무슨 의미가 있을까 싶은 생각에 지도를 가방 속 깊숙이 처박아버렸다. 그냥 내 발길을 따라서 가자. 비슷비슷해 보이는 수많은 모스크를 구경하는 것보다 골목을 누비는 게 내 스타일에 더 맞는걸! 그러고는 언덕 위로 보이는 예쁜 집들을 향해 올라가기 시작했다.

90년대 보스니아 내전으로 희생당한 사람들이 묻혀 있는 묘지

한참을 올라가는데 공동묘지 하나가 내 눈길을 끌었다. 이 묘지의 주인은 바로 90년대 사라예보에서 일어난 비극적인 전쟁으로 희생된 사람들. 비석은 정신없이 불규칙하게 놓여 있었다. 얼마나 많은 사람들이 이곳에 묻혀 있기에 비석마저 이렇게 놓여 있는 걸까······.

발걸음을 돌리다가 딱 봐도 여행자 같은 남자가 보여 말을 걸었다. 그는 영국에서 온 제이. 한참 그와 이야기하고 있는데 또 어떤 남자가 다가온다. 프랑스에서 온 지오반니. 제이와 지오반니는 함께 자동차로 여행 중이란다. 다른 여행자들과 마찬가지로 이렇게 잠깐 담소를 나누다 헤어질 줄 알았는데, 갑자기 제이가 저녁에 할 일 있냐고 묻는다.

"우리 저녁에 맥주 마시러 갈 건데 같이 가지 않을래?"

"오, 좋은데!"

"그럼 8시에 여기 세빌리 광장 앞에서 만나자."

그들과 헤어지고 나는 계속 가던 길을 갔다. 사라예보에 대한 내 마음이 활짝 열리자 사람들도 다들 좋아 보이기 시작한다. 한가롭게 얘기를 나누고 계시는 할머니, 할아버지들께 "즈드라보(안녕하세요)" 하고 인사했더니 활짝 웃으시며 답해주신다. 한껏 신이 난 나는 골목을 누비며 이곳 사람들과 눈이 마주칠 때마다 먼저 "즈드라보" 하고 인사를 해댔다. 역시 여기저기서 함박웃음을 지어준다. 이곳은 사람들마저 좋구나!

이윽고 시계는 8시를 가리켰고 세빌리 앞에서 제이와 지오반니를 만났다. 그들은 한국에 깊은 관심을 보였다. 음식은 무엇이 유명한지, 인구가 몇인지, 나는 어느 동네에서 살고 있는지, 여행지로는 어디를 추천하고 싶은지 등등을 물어본다. 이렇게 한국에 관심을 보이는 외국인을 만날 때마다 얼마나 반가운 마음이 드는지 모른다. 짜식들, 얼굴만 잘생긴 줄 알았더니! 나는 일일이 답변을 해주었고, 분위기는 점점 무르익어 갔다. 우리는 먼저 사라예보의 밤거리를 걷기로 했다. 거리를 나서는데 가까이서 불꽃놀이를 하는 것이 아닌가!

"와, 타이밍 좋은데?"

"우리 왔다고 불꽃놀이까지 하네! 사람 알아보는 눈은 있구만. 하하하"

나는 어느새 이 친구들에게 되지도 않는 시시껄렁한 농담까지 하고 있었다. 얼마간 같이 있지 않았는데도 굉장히 오랜 친구처럼 편하게 느껴졌다.

우리는 길거리를 더 배회하다가 한 클럽에 도착했다. 사라예보에 왔으니 사라예보 맥주를 마셔봐야 하지 않겠어? 그리고 '사라예보스코'라는 흑맥주를 주문했다. 제이는 잽싸게 내 것까지 같이 계산해버린다. 혼자 다녀서 그런지 이렇게 내 몫

제이, 지오반니와 함께

까지 같이 내주는 사람들을 많이 만나게 된다. 나보다 6살이나 어린 제이에게 맥주를 얻어 마시게 되다니! 제이는 내년에 중국으로 공부하러 가면 한 달 정도 짬을 내서 한국이나 일본을 여행하고 싶다고 했다.

"한국 사람들은 어때? 이곳 사람들처럼 다정하니?"

"아니. 대부분 무표정이야."

"어? 정말?"

"근데 한 번 마음 열면 간이며 쓸개며 다 퍼주는 게 한국 사람이야. 정말 정이 많거든."

이렇게 셋이서 세 시간 넘게 수다를 떨다 헤어졌다. 그냥 숙소로 들어가기 아쉬워 혼자 사라예보의 늦은 밤거리를 돌아다녔다. 거리는 너무나도 활기찼다. 한때 전쟁으로 얼룩지고 폐허가 됐던 도시가 맞나 싶을 정도로. 얼굴에 웃음기가 가득한 사람들, 너무나도 평화로운 표정. 나를 아주 신기하게 뚫어지라 쳐다보는 사람들까지도 다들 좋다.

사라예보의 밤은 그렇게 깊어간다.

사라예보에서의 그 여운 그대로…
Mostar, BOSNIA HERZEGOVINA

사라예보에서 모스타르로 가는 기차는 하루에 딱 두 대다. 첫차가 오전 7시 5분에 출발한다는 걸 확인하고 아침 일찍 숙소를 나섰다. 역에 도착하니 창구 앞엔 사람들이 꼬리에 꼬리를 물고 서 있다. 여기 사람들 일 처리가 느리다는 건 알고 있지만, 출발 시간은 점점 다가오는데 도무지 줄이 줄어들지 않았다. 출발 10분 전……. 5분 전……. 3분 전…… 으악! 이러다가 기차를 놓친다면? 걱정이 된 나는 바로 앞에 서 있는 여자에게 물었다.

"어디로 가시나요?"

"모스타르요."

"저도 모스타르 가는데, 혹시 기차 언제 출발하는지 아세요?"

"7시 30분에 출발해요."

"네? 7시 5분이 아니고 30분에요?"

"네."

다른 남자도 와서 7시 30분에 출발하니 걱정하지 말라고 한다. 티켓을 끊으려 창구 앞에 도착하니 왜 이렇게 일 처리가 늦을 수밖에 없는지 알게 됐다. 기차 시간, 가격, 등급 등을 일일이 '손으로' 적고 있었던 것이다.

기차를 타고 나니 잔뜩 기대에 부풀어오른다. 크로아티아에서 보스니아 헤르체고비나로 넘어올 때도 생각보다 풍경이 너무 예뻐서 놀랐는데, 이번에는 또

어떤 풍경이 펼쳐질까? 그러나 그것도 잠시뿐. 자리에 앉자마자 바로 곯아떨어져 버렸다. 얼마쯤 잠들었으려나……. 갑자기 승무원이 컴파트먼트로 들어와서 "Change! Change!" 한다. 뭐지? 다른 기차로 갈아타는 건가? 같은 칸에 있던 사람들도 무슨 영문인지 몰라 허둥지둥 내렸고, 한쪽에는 버스가 대기 중이었다. 이건 또 무슨 시추에이션? 버스를 타고 이동하는 건가? 이미 다른 승객들은 일찌감치 나와 버스 좌석에 앉아 있었고, 나는 서서 갈 수밖에 없었다.

버스를 타고 가는데 입이 떡 벌어진다. 정말 멋지다 멋져. 그 어느 곳과 견주어도 전혀 손색이 없을 정도다. 투명하게 드러나 보이는 깨끗한 물, 하나같이 그림처럼 예쁜 집과 지붕, 아름다운 산과 들. 이름만 들었을 땐 왠지 삭막할 것 같았는데 곳곳이 이렇게 예쁜 풍경이라니! 그동안 편견에 사로잡혀 몰라도 너무 몰랐나 보다.

버스가 한참을 달리다가 갑자기 '끼-익' 하고 선다. 만원인 데다 여행용 트렁크나 배낭처럼 무거운 짐들이 한가득, 거기다 에어컨까지 빵빵하게 틀어댔으니 결국 버스가 견디지 못하고 멈춰 선 것이다. 기사 아저씨가 몇 번을 끙끙대며 시동을 걸었지만 얼마 못 가 멈추고, 멈추고, 또 멈춰버린다. 하아, 어쩐지 오늘은 웬일로 무사히 넘어간다 했다 내가. 버스가 멈춰도 짜증 내는 사람은 여행객으로 보이는 두 사람뿐, 다른 사람들은 모두 느긋함을 유지했다. 이 상황을 즐기는 사람도 나타나기 시작했다. 누가 큰 소리로 한마디 하면 다들 웃었고, 버스가 다시 출발하면 손뼉을 쳤다. 나 역시 이런 상황에 적응되었는지 어느새 웃고 있었다. 결국 운전사는 승객들에게 다른 버스로 갈아타라고 했다. 버스가 아예 길바닥에 퍼져버린 것이었다. 새로 갈아탄 버스는 다행히도 부릉부릉 잘 달린다.

무사히 모스타르역에 도착. 어제에 이어 오늘도 후끈후끈하구나. 나는 혓바

닭을 축 늘어뜨린 채 숙소를 향했다.

"미안한데 오늘은 방이 꽉 찼어요."

"네? 저 예약했는데요?"

아, 정말 무슨 여행이 이렇게 하루에도 몇 번씩 산 넘어 산이냐.

"걱정 말아요. 주인집에 가서 주무시면 돼요."

"주인집이요?"

"네. 거기에도 샤워실, 화장실, 주방, 침대 다 있으니 불편하지는 않을 거예요."

주인아저씨 집이란 곳도 호스텔과 비슷해 보였다. 내가 묵을 방은 2층 침대 두 개와 퀸사이즈 침대 하나가 있었다. 그리고 너무나 감사하게도 에어컨까지 있었다.

방에 들어가자마자 에어컨을 틀어주시던 주인아저씨. 영어가 서툴다며 나더러 이탈리아어를 할 줄 아느냐고 묻는다. 그래서 "챠오!(안녕)"라고 한마디 건넸는데, 아저씨가 당황하는 기색이…….

모스타르의 뜻은 'bridge-keeper'. 우리말로는 '다리 지킴이'쯤 되려나. 왠지 귀여운 이름이다. 여기서 가장 먼저 보고 싶었던 곳은 '스타리모스트'. 사진으로 봤을 때는 규모가 작은 줄 알았는데 웬걸, 실제로 보니 생각보다 컸다.

16세기에 지어진 스타리모스트는 1993년 11월에 내전으로 붕괴되었다가 재건되었다고 한다. 이 다리를 사이에 두고 가톨릭과 이슬람교, 전혀 다른 종교를 가진 마을들이 형성되었다고 한다. 그리고 보니 강 건너에는 온통 성당

만 있고 이쪽에는 모스크만 있다. 또한 이 다리는 '세계에서 가장 아름다운 다리'라고 불리는데, 그 이유는 외관이 아닌 다리에 얽힌 역사적 사실 때문이다. 1990년대 내전이 발발했을 당시 항상 으르렁대며 싸우기만 했던 이 두 마을이 처음으로 종교이념을 넘어서 힘을 합쳐 전쟁에 맞섰다고.

마을의 분위기를 느끼고 싶어 천천히 둘러보기 시작했다. 이곳 모스타르도 사라예보와 마찬가지로 건물 곳곳에서 탄흔을 심심찮게 볼 수 있었다. 아뿔싸! 건물 사진을 찍고 있다가 지나가는 어느 할아버지와 눈이 마주쳤다. 난 황급히 카메라를 감추었다.

죄송해요. 낯선 이방인이 이렇게 와서 염치없이 카메라를 꺼내 들었네요.

그러나 이 말을 직접 전하지 못하고 속으로 삼켜야만 했다. 갑자기 여기서 기념할 수 있는 뭔가를 꼭 사야겠다는 생각이 들었다. 이 나라, 이 사람들에 대해 생각할 수 있었던 시간을 기억하기 위해서……. 그리고 보스니아 헤르체고비나를 잊지 않기 위해서…….

바람맞힌 그녀가 이곳에?
Dubrovnik, CROATIA

"즈드라보(안녕하세요)!"

아침에 일어나 바깥 공기를 쐬러 밖을 나서는데 주인아주머니와 마주쳤다. 활짝 웃으며 반갑게 인사해주신다. 그러고는 나를 부르시더니 "카페? 카페?(커피)" 하신다.

"흐발라(고맙습니다)!"

곧이어 커피를 가져다주시며 한 손에는 케이크까지 들고 오신다. 사실, 오

늘 두브로브니크에 도착하게 되면 점심을 늦게 먹을 것 같아 아침에 커피와 빵을 엄청 먹었는데, 보기만 해도 목까지 차오르는 케이크가 나오다니. 이런 고마우면서도 난감한 상황이 다 있나.

"아주머니, 케이크 같이 들어요!"

그러나 아주머니께서는 한사코 거절하신다. 일단 커피부터 마셔야겠다. 음, 보스니아 커피는 달달하네? 많이 먹어본 맛 같다고 생각하고 있을 때, 아주머니께서 커피와 초콜릿을 섞은 거라고 하신다. 아, 카페모카였구나. 배가 불러 케이크에는 도무지 손이 가지 않았지만, 예의상 한입 해야 했다.

"정말 맛있어요!"

엄지손가락을 추켜세웠다. 아주머니와는 영어가 거의 통하지 않아서 손짓 발짓을 동원하며 온몸으로 대화를 했다.

"이 케이크, 내가 직접 만든 거야."

아주머니께서 자기를 가리키며 반죽을 하고 휘휘 젓는 시늉을 하셔서 알아들을 수 있었다. 케이크를 절반 정도 먹어가고 있을 때, 내가 맛있게 먹는 것 같아 보였는지 '더 줄까?' 하는 제스처를 하신다. 으악, 이젠 케이크가 목구멍을 넘어 코로 분출될 것 같은데!

"아니에요, 아니에요. 저 배불러요!"

"괜찮아. 여기서 기다려."

"아니에요. 정말 배불러요."

"괜찮대두." (오 마이 갓!)

곧이어 또 다른 케이크를 가져다주신다. 고, 고맙습니다. 배가 엄청 불렀지만 남기는 건 예의가 아닌 것 같아서 케이크 두 조각을 쓱싹쓱싹 다 해치웠다. 시계를 보니 이제는 떠나야 할 타이밍. 시계를 가리키고 걷는 흉내를 내면서 버스를 타러 가야 한다고 말씀드렸다. 그리고 '흐발라'를 연거푸 외쳤더니 아주머니께서 내 볼을 쓰다듬으며 활짝 웃어주신다.

그렇게 버스를 타고 국경을 건너 크로아티아 두브로브니크에 도착했다. 오늘도 숙소를 예약하지 않고 무작정 왔기에 제발 좋은 호객꾼을 만나기 바라며 버스에서 내렸다. 그런데 아무도 내게 다가오질 않는다. 이봐요들! 어쩔 수 없이 스스로 찾아 나서야 했다.

"저 혼잔데 하루 얼마예요?"

다들 30유로 이상을 부르는데 한 아저씨께서 위치가 좀 안 좋은 도미토리를 17유로에 해주겠다고 한다. 덥석 물려는 찰나, 몇 인실이냐고 물으니 돌아

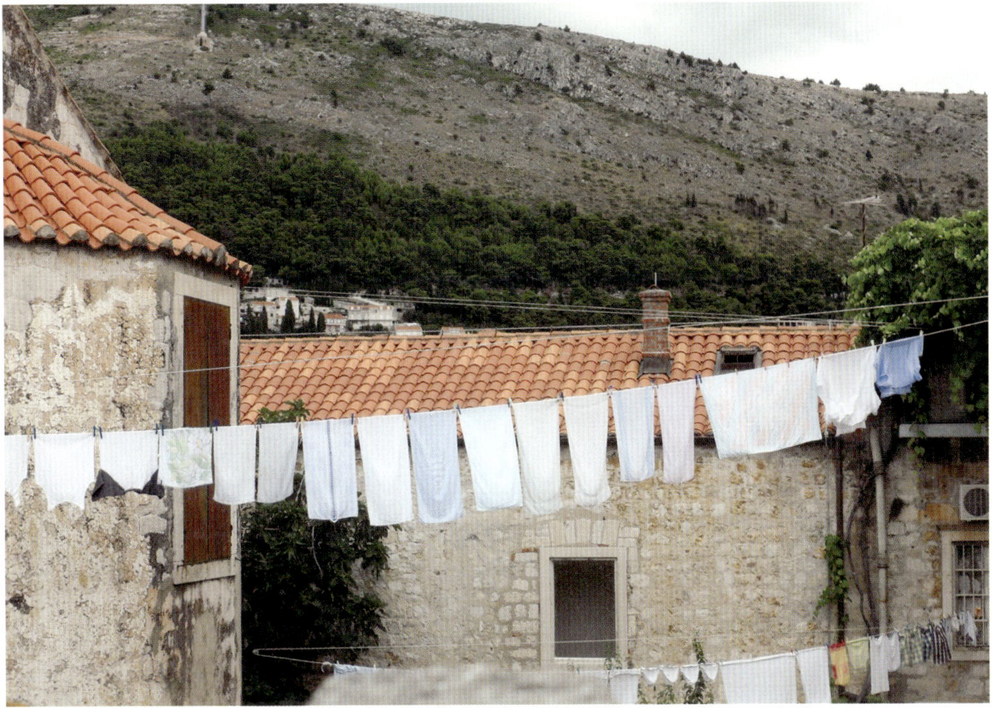

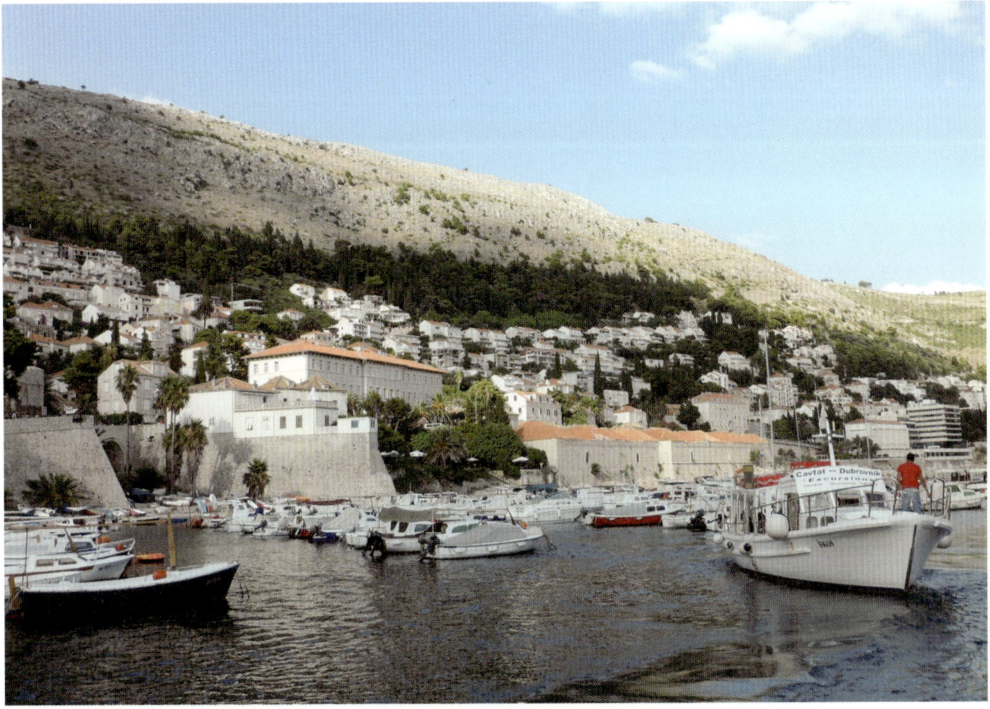
Cavtat – Dubrovnik

오는 대답은 20인실. 프라하에서 70인실에 묵었던 때가 번뜩 스쳐 지나갔다.
"아, 예……."

그냥 다른 곳을 찾기로 했다. 두브로브니크의 호객꾼들은 스플리트처럼 물고 늘어지는 사람이 없었다. 맘에 안 들면 그냥 가든가 하는 식이었다. 이러다가 오늘 안에 구할 수나 있을까? 호객꾼도 별로 보이지 않고, 다들 비싸기만 하니…….

문득 모스타르를 떠나오기 전 만났던 사람들이 머물 예정이라고 했던 유스호스텔이 떠올랐다. 방이 다 찼을 것 같았지만 어쩔 수가 없었다. 그렇다고 내 주머니 사정에 1박에 35유로를 주고 잘 수는 없는 노릇이었다. 호스텔에 빈방이 없으면 어떡하지? 에잇, 까짓 거 35유로 주고 자? 아니야, 아니야. 그냥 노숙이나 해버릴까? 아무나 붙잡고 하룻밤만 재워달라고 해볼까? 그러고는 사람들을 물색하기 시작했다.

'저기 눈 치켜뜬 여자는 아마 단번에 거절하겠지.'

'저 남자? 음 안 돼. 남자한테 재워달라고 하느니 노숙이 낫겠어.'

'지금 저기 딸 데리고 가는 아줌마는 어떨까? 근데 딸이 좀 성격 있어 보이는데.'

막상 재워달라는 말을 꺼내려니 입이 떨어지지 않는다. 1시간을 걸어 처음 생각했던 호스텔 쪽에 왔는데 한국인일 것 같은 여성이 한 명 지나가고 있었다.

크로아티아 화폐인 '쿠나'

"Where are you from?"

"I'm from South Korea."

"아 한국분이시구나! 혹시 여기 공식 유스호스텔 아세요?"

"네, 알아요. 절 따라오세요."

그렇게 해서 만나게 된 김양. 김양은 호스텔에 하루 있다가 어제 홍콩에서 온 사람을 만나 같이 개인 숙소로 옮겼다고 한다. 그런데 잠깐, 뭐라고? 호…… 홍콩?

"혹시 그 사람 이름이 뭐예요?" (설마……?)

"노리스라던데……."

노, 노리스? 난 갑자기 당황스러워졌다. 사실 며칠 전 사라예보로 떠나기로 한 날, 노리스와 함께 가기로 약속해놓고 일부러 그녀를 바람맞혔었다! 이틀간 같이 지내다 보니 사소한 것부터 시작해 자신의 불만을 얼굴에 적나라하게 드러내는 그녀가 많이 부담스러웠기 때문이다. 그런데 그 노리스가 지금 두브로브니크에 있다니!

"노리스에게 저 봤다는 말, 하지 마세요!"

"왜 그러세요?"

"그냥 노리스랑 이런저런 일들이 있어서……."

"무슨 일이요?"

"얘기하자면, 저랑 좀 스타일이 안 맞는 것뿐이에요. 나쁜 사람은 아니에요!"

다, 당혹스럽다. 오늘 돌아다니다가 노리스를 만나면 어떡하지? 나 때문에 화가 많이 났을 텐데.

김양이 가르쳐준 호스텔 계단을 올라가는데 인상 좋은 할머니 한 분이 문 앞에 서 계신다. 호스텔 주인이신가?

"혼자 묵을 침대 있나요?"

"방금 두 명이 나가서 마침 방이 하나 비었어요."

"방이요? 여기 호스텔 아닌가요?"

"호스텔은 여기 앞이고, 나는 'sobe(개인 숙소)'를 운영하는 사람이에요."

어차피 호스텔도 20유로 가까이하는데 가격이나 물어보자.

"저 혼자인데 얼마인가요? 2박 할 거예요."

"지금 비어 있는 게 더블룸인데 좀 깎아서 1박에 150쿠나(21유로) 해줄게요."

깎아달라고 해야 하는데 할머니의 인상과 눈빛이 너무 선하셔서 그 말이 나오질 않는다. 아무튼 나는 흥정도 없이 바로 묵기로 했다. 할머니는 다른 호객꾼들과는 달리 재촉하거나 서두르거나 하는 것도 없으셨다.

숙소는 너무나도 깔끔하고 청결했다. 문을 열고 방에 들어가보니 큰 방에 퀸사이즈 침대가 떡하니 놓여 있었다. 이게 웬 횡재냐, 야호! 나 오늘 퀸사이즈 침대에서 혼자 잔다!

그렇게 기분 좋게 다시 길거리를 나서는 순간, 또 노리스가 떠올랐다. 김양과 노리스가 옮긴 숙소가 바로 맞은편이었기 때문. 노리스가 갑자기 문 밖으로 튀어나오는 건 아닐지 걱정이 이만저만이 아니다. 오늘은 제발 마주치지 않았으면…….

올드타운을 향해 길을 돌아나가니 눈앞으로 아드리아해가 펼쳐진다. 가던 길을 멈춰 서서 저 멀리 수평선을 바라보는데 숨이 턱 막힌다. 아드리아해야, 너 진짜 눈에서 감동의 쓰나미가 밀려오게 하는구나! 올드타운 쪽에 다다르자 또 다른 세상이 펼쳐졌다. 신이 나서 여기저기 벽도 만져보고 골목을 휘젓고 다녔다.

　가파른 계단을 올라 성벽 위에 다다른 뒤 아래를 내려다보았다. 눈앞에는 온통 주황색 물결을 이룬 지붕들이 펼쳐져 있었다. 여기에서 보는 모습은 골목을 누빌 때보다 훨씬 예뻤다.
　이곳저곳을 누비다 보니 밤이 깊었다. 고개를 들어 하늘을 바라보는데 저 멀리 달이 뜬 게 보인다. 보름달마냥 환하게 밝은 달. 오늘이 음력 14일이네. 내일은 진짜 보름달을 볼 수 있겠구나!

다행히도 이날은 노리스를 마주치지 않았지만, 다음 날 노리스가 걸어가는 것을 우연히 보았다. 가슴이 철렁. 혹시 나를 보지는 않았을까 조바심이 났다. 그 후 다시 그녀와 마주치는 일은 없었지만, 두브로브니크에 머무는 내내 가슴을 졸여야 했다.

대체 여기가 호수야, 바다야?
Kotor, MONTENEGRO

"킴! 커피 한잔, 오케이?"

"흐발라."

"참, 두브로브카! 사진 한 장 찍어도 될까요?"

"좋아요."

두브로브니크에 머무는 내내 친절한 미소로 대해주시던 주인 할머니 두브로브카. 테라스에 나가서 사진을 찍은 뒤 이메일로 보내드리겠다고 했다.

이제 몬테네그로 코토르로 떠나야 할 시간. 할머니와 포옹을 한 뒤 두 손을 맞잡으며 악수를 했다.

"여기 머무는 동안 고마웠어요. 그리고 건강하세요."

내가 짐을 챙기고 나오자 할머니는 문밖에까지 나오셔서 배웅하신다.

두브로브카 할머니

"할머니, 그만 들어가세요."
"어여 가요."

몬테네그로로 가는 버스 안에서는 바다를 보며 감동의 눈물을 한 바가지 쏟아야 했다. 얼마나 멋지던지 두 눈으로 보기만 해도 황홀했다. 이윽고 버스는 국경을 통과하여 몬테네그로에 진입했다. 주변이 온통 산으로 둘러싸여 '만'을 이룬 이곳은 정말 바다가 맞는 건지 도무지 믿기지 않는다. 높은 산이 바다를 내려다보고 있어서인지 왠지 모르게 자연에 압도당하는 느낌까지!

어느새 버스터미널에 도착. 어젯밤 뒤늦게 예약한 숙소에 짐을 풀고 나왔다. 먼저 코토르 요새에 올라가기 위해 매표소를 찾았다. 매표소라고 부르기 민망한 굉장히 허름한 그곳에는 파라솔만 하나 덩그러니 있었고, 직원 한 명이 의자에 앉아 있었다.

"여기서 입장권 끊는 건가요?"
"네. 2유로입니다."
"자, 여기요."
"어디서 왔어요?"

"싸우쓰 꼬레아에서 왔어요."

"그렇군요. 근데 요즘 북한이랑 사이 어때요?"

"음, 약간 위험해요. 그다지 좋지 않아요."

그의 이름은 조르제. 조르제처럼 유럽 사람들 대부분 한국에서 왔다고 하면 요즘 북한하고 사이가 어떠냐고 묻는다. 그들은 천안함 사건을 알고 있었으며, 현재는 위험하지 않은지 되묻곤 했다. 수전 손택이 쓴 《타인의 고통》을 읽었을 때 미디어를 통해 타인에 대한 연민을 '피상적으로만' 느끼는 행태를 개탄하던 기억이 떠올랐다. 우리는 사진과 영상으로만 다른 나라의 일들을 접하고는 그저 '안타깝네' '끔찍하네'라고 생각하면서도, 정작 '나와는 상관없는 일이잖아'라고 치부하고 만다. 조르제는 어떤 의미로 내게 그런 질문을 던졌던 것일까.

　요새로 한 걸음 한 걸음 발을 뗄 때마다 눈에 들어오는 풍경이 달라졌다. 시야가 점점 넓어져 코토르만Kotor bay의 윤곽이 뚜렷이 드러나고 있었다. 이윽고 정상에 도착해 코토르를 끼고 있는 산과 바다를 한참 동안 내려다보았다. 여행이 중반부로 들어서자 이젠 건물과 집들에 대해선 그냥 무덤덤하다. 그 교회가 그 교회고, 그 건물이 그 건물이고……. 그러나 자연 풍경은 그렇지 않다. 왜 아무리 봐도 질리지 않는 걸까?

　그나저나 이곳이 바다라니. 음, 아무리 봐도 호수 같은데, 정말 바다 맞을까? 해변으로 가서 손으로 찍어 맛을 보았다. 으엑, 짜다 짜. 바다인 게 확실했다. 짠맛을 확인했는데도 여전히 믿기지 않는다! 이왕 온 김에 발이나 담그기로 했다. 이런 곳에서 수영하면 좋을 텐데. 대신 수영하는 사람들을 두 눈으로 감상하기로 했다. 이럴 땐 선글라스가 참 감사하단 말이지. 흐흐흐.

　숙소로 들어왔더니 같은 방을 쓰는 독일인 데니가 풀이 죽어서 울상인 채로 계단에 앉아 있었다.

"무슨 일 있어?"

"몬테네그로 와서 현금카드가 작동되질 않아. 그래서 돈을 못 뽑고 있어."

"오 마이 갓, 어떡해?"

"지금 고작 5유로밖에 없어. 그래서 오늘 베오그라드로 가는 비행기도 놓쳤어."

"그럼 앞으로 어떡하려구?"

"아까 부모님께 메일을 보냈더니 돈을 부쳤대."

"내일 은행에 직접 가봐."

"그래야지."

데니는 허공을 보며 계속 허탈한 웃음만 지어 보였다. 거실에 나와 있으니 사람들이 한두 명씩 모여들기 시작한다. 네덜란드에서 온 톰과 수잔나 그리고 이탈리아에서 온 알렉산드로와 안드레아. 이런저런 얘기를 나누다가 다 함께 오늘 밤 파티에 가기로 했다.

우리는 광장의 한 호프집으로 가서 맥주를 시켰다. 옆에서는 시끄러운 음악 소리에 맞춰 사람들이 이리저리 몸을 흔들어대고 있었다. 맥주를 한 모금 마시는데 못 보던 애들이 보인다.

"어디서 왔어?"

"난 몬테네그로 사람이야. 여기 코토르에 살아."

코토르 남자는 내가 신기한지 계속 힐끔힐끔 쳐다본다. 그것도 바로 앞에서 대놓고.

"헤이, 내 모습이 신기해?"

"아니야, 아니야. 그냥."

하면서 또 쳐다본다. 게다가 큰 키에 완벽한 얼굴까지 하고 있는 이 남자. 그런 눈으로 바라보면 콩닥거리는 내 마음은 어쩌라고…….

일행 중 한 명이 괜찮은 바를 안다고 해서 따라갔다. 일행이 11명이나 되어 테이블을 이어 붙여야 했다. 확 트인 노천 바에 앉아 또다시 이야기를 나누느라 정신이 없다. 여행을 하다 보면 이렇게 금방 친구가 될 수 있어서 참 좋다.

갑자기 수잔나가 화장실에 가야겠다며 자기 가방 좀 봐달라고 '이탈리아 사람' 알렉산드로에게 얘기한다. 알렉산드로 왈,

"조심해! 나 이탈리안맨이야!"

그의 말이 끝나자마자 모두들 웃어 젖혔다. 이탈리아는 들끓는 소매치기로 악명이 높기 때문이다. 하하하. 무진장 시끌시끌한 코토르의 밤이다.

무서운 나라라고 들었는데
Tirana, ALBANIA

오늘은 알바니아로 들어가는 날. 영화 《테이큰》에서 유럽 여행을 하는 미성년자를 납치해 성매매를 하는 인신매매 조직이 바로 이 알바니아 출신이다. 실제로도 알바니아에서는 그러한 범죄가 자행되고 있다고 들었는데, 과연 얼마나 무서운 나라일까? 두렵다기보단 호기심이 더 컸다.

"내일 아침에 버스 출발 시간보다 20분 먼저 와서 기다리고 있으세요."

어제 버스표를 예약할 때 직원이 했던 말이 생각나 아침 일찍 나섰다. 들은

길거리에서 옥수수를 구워 팔고 계신 할머니

대로 버스는 빨리 도착했고, 떠나야 하는 시간보다 앞서 출발했다. 사람이 다 찬 것도 아닌데 예정 시각보다 일찍 출발하는 버스는 살다 살다 처음이다.

이윽고 버스가 몬테네그로 남단에 있는 울치니에 도착했다. 여기서 바로 알바니아 슈코드라를 거쳐 티라나로 들어갈 것이다. 울치니는 알바니아와 접경 지역이어서 알바니아인들이 많이 산다고 한다. 아니나 다를까 사람들 생김새가 지금까지 보았던 유럽인과는 달리 꼭 아랍인처럼 생겼다. 헌데 이런 시골 동네에 키 작은 동양인 여자가 나타났으니! 역시나 사람들은 또 나를 뚫어지게 쳐다본다. 여태껏 여행 다닌 지역 중 그 어느 곳보다 더. 내가 신기한지 여기저기서 '헬로' '즈드라보' 하며 인사를 건넨다.

슈코드라로 가는 버스는 출발시각보다 30분 일찍 와 있었다. 자리에 앉기 위해 뒤쪽으로 갔는데 으윽, 어디서 암내가 진동하다 못해 코를 쿡쿡 찌른다. 나는 다시 돌아서 버스 맨 앞자리로 자리를 옮겨야 했다.

"옆자리 앉아도 돼?"

막 버스에 올라타던 어떤 여성이 물었다. 이렇게 옆자리에 나란히 앉게 된

현지인처럼 능숙하게 쇼핑을 하는 이미나

이미나와의 기나긴 수다가 시작되었다.

"내 친구 중에 킴이란 이름을 가진 애가 있어."

"어, 정말? 사실 나도 아는 사람 중에 이미나라는 이름을 가진 사람이 있어. 하하하."

이미나는 원래 터키의 수도 앙카라에 사는데, 지금은 아제르바이잔에서 일하고 있다고 한다. 그녀는 매일매일 터키 지방어로 방송된 뉴스를 공용어로 통역하는 일을 한단다.

"하루하루 엄청 바쁘겠다."

"겨울에는 사건들이 자주 일어나서 바쁜데, 여름에는 그렇지 않아."

"여름에는 왜?"

"사람들이 더워서 집 안에만 있거든. 하하하"

자유롭게 여행을 하는 이미나를 보고, 터키 여성들의 사회적 지위가 자못 궁금해졌다. 터키 역시 이슬람 문화권이라 여성의 지위가 많이 낮다고 들었기 때문이다.

티라나로 가는 미니버스 '푸곤'

"근데 터키 여성들도 자유롭게 여행할 수 있어?"

"그럼."

"정말? 터키 여성들은 직업을 갖고 사회생활 하는 데 많은 제약이 있다고 들었거든."

"그건 교육 수준에 따라 달라. 초등학교를 졸업하면 중학교에 가야 하잖아? 그런데 저소득 계층의 부모들은 딸이 중학교에 가길 원치 않아. 반대로 여유가 있는 사람들은 계속 학교에 다니고. 사실 교육받은 터키 여성은 남성보다 직업을 갖기가 훨씬 쉬워."

"그렇구나. 몰랐던 사실이야."

"여행을 하면서 한국인, 일본인, 중국인들을 가끔 만났는데, 그들은 전부 'closed mind'였어. 왜 그런 거야?"

"글쎄. 나도 잘 모르겠어. 하지만 난 오픈 마인드야!"

버스는 국경을 건너 알바니아 슈코드라에 도착했다. 내려서 주위를 둘러보니 다른 유럽에서 보지 못한 낡은 건물들, 공기 중에 흩날리는 흙먼지, 씽씽

티라나 중심가

달리는 낡은 오토바이들이 한눈에 들어왔다.

아, 내가 정말 알바니아에 왔구나! 매번 같은 건물에 슬슬 지겨워하고 있던 참이었는데, 색다른 느낌이 왠지 좋은걸? 인신매매나 범죄 조직에 대한 걱정 따위는 어느새 머릿속에서 사라지고 신선한(!) 풍경들이 나를 설레게 했다.

푸곤(미니버스)으로 갈아타고 2시간을 달려 최종 목적지인 티라나에 도착했다. 나와 이미나는 방향이 같아 동행하기로 했다. 거리에 삼삼오오 모여 있던 집시들은 우리가 지나갈 때마다 큰 소리로 '헬로'를 외쳐댔다. 여기저기서 우리를 보고 구걸을 하는데 다른 지역보다 훨씬 적극적이었다. 어떤 집시는 내가 가지고 있던 콜라병을 빼앗아 가려고까지 했다. 그럴 때마다 이미나는 깜짝깜짝 놀랐다. 알바니아가 위험하다고 하는데, 이 사람들도 한몫하는 게 아닐까?

이미나는 어떤 사람이 자기를 마중 나올 거라며 누군가에게 전화를 한다. 그러더니 상대방에게 두 명이 가도 괜찮겠냐고 묻는다. 에? 뭔 소리지?

그때는 이미나가 자신이 예약한 숙소로 날 데려가려는 줄 알았는데, 알고 보니 그녀는 '카우치 서핑(일반 가정에서 여행객을 공짜로 재워주는 것)'을 구했던 것. 이번에 여행 와서 카우치 서핑을 구하기 위해 여기저기 메일을 보내봤지만, 번번이 퇴짜를 맞았던 나는 그녀가 얼마나 부러웠는지 모른다.

멀리서 한 남자가 환한 얼굴로 다가왔다. 그는 알바니아인 젠지. 카우치 서핑 호스트는 프란시스라는 독일 여성인데, 그녀 대신 남자친구인 젠지가 마중을 나온 것이다. 두 명이 오는 줄 알았던 젠지는 내가 이미 숙소 예약을 해버렸다고 하자 아쉬워했다.

"킴, 숙소 위치가 어디인가요?"

"잠깐만요. 디카로 찍어 와서……."

"아, 여기구나? 이미나, 킴의 숙소 먼저 찾아주고 우리 집으로 가죠."

젠지에게 배낭을 맡긴 이미나는 내 숄더백과 자질구레한 짐을 들어주려고 했다. 한사코 거절해도 얼른 내놓으라고 하기에 못 이기는 척하고 줬다. 이런 훈훈한 사람들 같으니라고! 숙박비 나머지를 완불하고 그들과 함께 나왔는데, 나는 왜 그들을 따라가고 있는 걸까…….

우리는 그렇게 젠지의 여자친구 프란시스의 집으로 갔다. 빵과 치즈를 사서 식사를 준비하고, 토마토, 오이, 포도, 칠리를 씻어 식탁에 올려놓은 뒤 다 같이 이른 저녁을 먹었다. 나 참, 남이 카우치 서핑하는 데 와서 뭐하는 짓인지.

한참 셋이 얘기하고 있는데 프란시스가 들어온다. 그녀는 이미나를 보자마자 양 볼에 쪽쪽 키스하며 반갑게 인사한다. 그리고 나에게도 와서 쪽쪽 인사를 한다.

마더 테레사 플래카드가 걸려 있는 오페라 하우스

"사실 알바니아가 위험한 나라라고 들었어."
"위험하다구? 전혀 아니야!"
"정말? 그런데 왜 다들 위험하다고 할까?"
"그건 30년 전 얘긴데……. 지금은 많이 바뀌었어. 안전한걸?"

프란시스네 집에서 이야기를 나누다가 저녁 늦게 거리로 나왔다. 오페라하우스 건물 정면에는 마더 테레사 플래카드가 걸려 있었다. 현지인이라서 그런지 가는 건물마다 어떤 곳인지 설명해준다. 우리는 어느덧 시내 중심부에서부터 알바니아 정부청사 앞까지 오게 됐다. 평소처럼 카메라를 꺼내 사진을 찍고 있는데, 갑자기 저 멀리 있던 군인이 빠른 걸음으로 우리 쪽을 향해 걸어온다. 뭐지?

자세히 보니 그는 '우리'가 아니라 '나'에게로 걸어오고 있었다. 헉! 쿵쿵쿵

알바니아 정부청사

심장박동수가 급 치솟는 것 같았다. 내 디카를 보더니 무섭게 쏘아보며 당장 지우라고 협박했다. 그러고는 여기서 지우는 걸 확인해야겠다고 으름장을 놓는다. 내가 사진을 지우고 나서야 군인은 떠났다. 겐지와 이미나가 한마디씩 했다.

"이 건물 사진 말이야, 인터넷에 깔리고 깔렸는데 대체 왜 저러는 거야?"

"나도 이해할 수 없다구!"

갑자기 겐지가 내 디카를 자기에게 줘보라고 한다. 그러더니 그 건물을 몰래 촬영한다. 혹시 알바니아 정부 관계자가 이 글을 본다면, 나 잡혀가는 건가?

겐지가 내일 저녁에 시간이 괜찮은지 묻는다.

"베라트로 갔다가 언제 올지는 모르겠는데, 저녁에 특별한 계획은 없어."

"그럼 내일 저녁에 프란시스랑 같이 셋이 보자." (이미나는 내일 아침 떠나기로 돼 있었다.)

"좋아. 몇 시에 볼까?"

"저녁 7시에 우리가 네 숙소 앞으로 갈게."

왠지 모르게 마음이 포근해지는 이곳 티라나. 마치 우리나라 시골에 온 것처럼 이렇게 마음이 편할 수가 있나. 오늘 밤은 살랑살랑 잠이 잘 올 것 같다.

이대로 팔려가는 줄 알았지
Kruja, ALBANIA

"베라트란 도시에 오늘 하루 만에 다녀올 수 있을까요?"
"거기 멋진 도시예요! 근데 왔다 갔다 하기엔 시간이 부족할 거예요. 크루야는 어때요?"
"크루야요?"
"산 중턱에 있는 아주 조그마한 마을이에요. 위에서 내려다보는 풍경이 아주 멋져요. 앤티크숍도 있고, 기념품 가게도 있고요. 시간을 보아하니 크루야가

훨씬 나을 듯해요"

"고마워요. 그럼 크루야로 가야겠어요!"

이렇게 해서 베라트에 가기로 했던 원래의 계획을 변경해 크루야로 마음을 바꿨다. 이런 게 바로 여행의 묘미지!

티라나는 여태 지나쳐온 도시 중에 사람들이 가장 교통질서를 지키지 않는 곳이었다. 보행자나 운전자나 할 것 없이 모두. 신호등이 무색할 정도로 말이다. 로마에 가면 로마법을 따르라 했던가. 나도 덩달아 신이 나서(?) 무단횡단을 했다.

알바니아에 오니 왜 이렇게 마음이 편한지 모르겠다. 위험하단 말과는 달리 생각보다 안전했다. 최근 지나쳐온 몬테네그로도 멋졌지만, 건물이며 자동차며 주변 환경이 한참 뒤떨어져 있는 이곳 알바니아에 오니 왠지 마음이 푸근해지고 사람 냄새가 나는 것 같달까? 숙소 스탭이 알려준 곳으로 가보니 푸곤 몇 대가 서 있었다. 이곳은 버스정류장이라는 말을 입에 담기도 민망할 만큼 아무런 표시도 없었다.

크루야 버스터미널

"크루야 가려면 어느 푸곤을 타야 하나요?"

한 남자가 건너편에 있는 까만 미니버스를 손가락으로 가리킨다.

"언제 출발해요?"

"사람이 다 차면 출발할 거예요."

까만색 푸곤에 올라타니 아무도 없고 나 혼자만 덩그러니 있다. 사람들이 언제 다 찰지······. 10분, 20분, 그렇게 기다리는데 아무도 타지 않는다. 이러다가 오늘 크루야 못 가는 거 아니야? 그때 저 멀리서 한 남자와 여자가 걸어오더니 차에 올라탄다. 아아, 드디어 사람이 나타났다!

언제 찰까 했던 푸곤에는 어느새 사람들로 가득찼다. 12시에 출발했으니 정확히 1시간 10분을 기다린 셈. 크루야 가기가 이렇게 힘들다니. 이윽고 푸곤에서 인도풍, 터키풍의 음악이 흘러나온다. 띠리띠리~ 아흐아흐~ 이곳 알바니아엔 무슬림이 많아서인지 음악도 그쪽과 아주 비슷했다. 이거, 내 스

티라나 시내의 한적한 공원

타일인데? 갑자기 목을 돌리며 코브라 춤을 추고 싶은 충동이 일었다. 목춤 하나는 자신 있는데! 으하하.

버스는 40여 분을 달려 크루야에 도착했다. 버스기사에게 500레크(알바니아 화폐)를 내니 300레크를 거슬러준다.

"티켓가격이 150레크라고 들었는데요?"

아저씨는 영어를 못하는 건지 못하는 척을 하는 건지 갸우뚱갸우뚱한다. 나는 호스텔 스탭이 종이에 적어준 가격을 그에게 보여주면서 돈을 덜 받았다고 설명하기 시작했다. 그제야 남은 50레크를 준다.

"사람들이 많아서 정신이 없었네요. 미안해요."

저 말을 할 때는 영어를 어찌나 잘하던지. 우리 인간적으로 50레크(약 600원) 가지고 이러지 맙시다!

크루야 성으로 오르는 길에는 역시나 기념품 가게가 즐비하게 늘어서 있었다. 바닥에 깔린 자갈을 조심조심 밟으며 무슨 기념품을 파는지 보고 있는데, 웬 악기가 하나 눈에 들어온다. 기타 비슷하게 생긴 민속 악기였다. 아르바이트 생인지 주인 아들인지 가게를 지키고 있던 사람은 열다섯 살쯤 되어 보이는 남자아이였다. 잘생긴 얼굴에 뻐드렁니가 참 매력적이던 아이. 소년은 한참 이것저것 악기를 구경시켜주며 줄을 퉁겨주곤 하더니 내게 어디에서 왔느냐고 묻는다.

"싸우쓰 꼬레아에서 왔어."

"아, 축구?"

엥? 갑자기 웬 축구? 한국에서 왔다고 했는데 '축구'라고 받아치는 사람은 또 처음 본다. 이번 월드컵 경기에서 우리나라가 알바니아의 숙적인 그리스를 이겨서 그런 것일까? 소년은 매우 반가워했다.

"한국에 있는 축구 경기장이 굉장히 멋지잖아요. 거기 가봤어요?"

"그럼. 상암 경기장도 가보고, 수원 경기장도 가보고……."

계속 대화를 하는데 이 아이는 축구 경기나 선수보다는 '축구 경기장'에만 관심이 있어 보였다. 내내 경기장 얘기만 했으니까. 하하하!

"이제 성 구경하러 가봐야 할 것 같

오스만제국과 맞서 싸운 알바니아의 영웅 '스칸데르베그' 동상

아. 고마웠어."

"성이요? 지금 가도 못 볼 거예요. 1시부터 4시까지는 닫거든요."

시곗바늘은 2시를 가리키고 있었다.

"괜찮으면 우리 가게에서 놀다 가요."

"아니야."

"여기 있어도 괜찮아요. 앉아서 쉬다 가요."

계속 앉았다가 가라고 몇 번씩이나 권유하던지. 잘생긴 소년을 눈앞에 두고 가려니 발걸음이 떨어지지 않는구나.

성벽으로 와서 주위를 슬슬 둘러보고 있는데 껄렁해 보이는 동네 남자아이 둘이 내게 다가온다.

"하이! 어디서 왔어요?"

"싸우쓰 꼬레아에서 왔어."

"몇 살이에요?"

"스물여섯 살이야. 너는 몇 살이니?"

"열세 살이요."

열세 살이라구? 최소한 열일곱 살은 되어 보이는데? 내가 디카를 들고 있는 것을 보더니 같이 사진을 찍자고 한다.

"저쪽 나무로 가서 찍을까?"

"좋아요."

사진을 찍으려는데 어깨에 당장 묵직한 무엇이 느껴진다. 소년이 말없이 팔을 두른 것이다. 사진을 찍고 나니 또 묻는다.

"오늘 시간 있어요?"

"미안하지만, 티라나로 돌아가야 해."

귀엽다고 생각하는 순간, 담배를 꺼내 물던 아이들

"하아, 아쉽네요."

날 보며 말하는 입술 주변이 파르르 떨리던 귀엽고도 불량한(!) 사내아이였다. 그런데 자리를 뜨려고 하자 갑자기 내 볼을 자기 손가락으로 꼬집는 게 아닌가. 열세 살이면 우리 나이로 열다섯 살, 중2 정도인데 저만한 애한테 볼을 꼬집히다니!

"요 녀석이!"

"히히히!"

다시 티라나로 돌아가기 위해 정류장에 왔다. 차에 있던 아저씨들이 내게 "티라나? 티라나?" 하신다.

"네, 티라나로 갈 거예요."

"어서 이거 타요."

"이거 버스 아닌 거 같은데요?"

저 앞에 티라나 푯말이 붙은 버스가 보여서 가보니 4시에 출발할 거라고 한다.

아까 그 아저씨들은 그럼 뭐지? 흠. 날씨도 더운데 콜라부터 사서 목 좀 축여야할 것 같다. 콜라를 사고 계산을 하는데 밖에서 자꾸 또 누가 나를 부른다.

"얼른 이거 타요!"

가게 점원도 나보고 당장 타라고 한다.

설마 말로만 듣던 알바니아 인신매매단?

점원은 짧은 영어로 더듬더듬 말을 한다.

"Another bus, another bus, this taxi, go to another bus"

이게 대체 무슨 상황인 걸까? 당장 나더러 타라며 빨리 오라고 하는데, 탈까 말까 굉장히 망설여졌다.

라고 해야 정상이거늘! 나도 모르게 어느새 차 안에 있었다……. 그런데 오늘은 어째 좀 불안하다. 이 사람들, 대체 뭐하는 사람들일까? 올라타고 보니 앞에 앉아 있는 두 명의 남자가 갑자기 무서워졌다. 아! 아무래도 잘못 탄 것 같다. 게다가 운전하는 사람은 액셀러레이터를 어찌나 세게 밟던지 앞차들을 연속으로 추월한다. 염통이 쫄깃쫄깃해져 온다. 그리고 이내 휴대폰을 꺼내더니 누군가와 통화하기 시작한다.

뭐지? 먹잇감 하나 잡아놨으니깐 좀 기다려라 이건가? 헉, 정말 인신매매단 아니야? 나 이대로 팔려가는 거야? 안 돼!

좁아터진 길을 엄청난 속도로 달리던 차가 갑자기 멈춰 선다. 바로 옆에는 커다란 흰색 버스가 기다리고 있었고, 이미 많은 사람들이 타 있었다. 그제야

안심이 됐다. 그는 아마도 버스기사에게 티라나 가려는 사람이 있으니 기다려 달라고 통화를 한 것 같았다.

"지금 타고 온 거 얼마예요?"

"돈은 받지 않아요. 그냥 땡큐 한마디면 됩니다!"

"땡큐, 땡큐! 고맙습니다!"

이런 친절도 모르고 아저씨들을 의심하다니. 긴장이 풀린 나는 버스에 올라타자마자 바로 곯아떨어졌고, 눈을 떠보니 어느새 티라나에 도착해 있었다.

숙소로 돌아와 젠지와 프란시스를 기다렸다. 그러나 약속한 7시가 되어도 그들은 나타나지 않았다. 혹시나 싶어 문밖에서 기다리는데 10분이 지나도, 20분이 지나도 나타나지 않는다. 바람맞은 건가? 문밖에서 쭈그리고 앉아 넷북을 꺼내 들자 공을 차던 동네 꼬마들이 내게로 와서 "하이, 하이" 한다. 나도 "하이" 하고 대답하자 뭐가 좋은지 자기들끼리 낄낄 웃는다.

"어디서 왔어요?"

"싸우쓰 꼬레아에서 왔어."

"아, 싸우쓰 꼬레아!"

"여기 근처에 사니?"

"네."

"집이 어디야?"

저쪽 아파트를 가리키며 자기 집이란다. 그러더니 어느 순간 내 옆으로 와서 앉는다.

"인터넷 하는 거예요?"

"아니. 여기서는 인터넷이 잡히지 않네. 일기 쓰는 중이야."

메모장에 타이핑된 한글을 가만히 들여다보는 꼬마들. 개구쟁이들이라 그런지 친구가 한마디 하면 "셧업 마우스!" 이런다.

"사진 찍어줄까?"

"좋아요!"

"잠깐 기다려봐."

디카를 들고 다시 나왔다. 웃통을 벗고 있던 한 아이는 옷을 주섬주섬 입으며 사진 찍을 준비를 한다. 하나, 둘, 셋! 찰각. 아이들은 액정 속 자신의 얼굴들을 보며 즐거워한다.

오기 전의 생각과는 너무 달랐던 알바니아. 고향에 온 것처럼 마음이 이렇게 편할 수 있다니! 좋은 느낌만 가득 안고 떠난다. 알바니아도 이제 안녕! (결국 겐지와 프란시스는 나타나지 않았다. 엄마, 나 바람 맞았어······.)

그를 모르는 사람은 아무도 없었다
Ohrid, MACEDONIA

마케도니아를 건너뛸까 말까 고민하던 차에 메신저에 접속한 친구 강양 왈, "오흐리드 꼭 가봐! 사람들이 다들 좋대!"라며 빠뜨리지 말고 꼭 가보라고 권한다.

    오전 9시에 출발하는 버스에 올라타 한참을 달리는데 웬 바다가 보인다. 어, 이상하다? 마케도니아 가는 길에는 분명 바다가 없을 텐데. 왜 반대 방향으로 가고 있지? 잘못 탔나?

　알고 보니 다른 지역도 들렀다가 가는 버스라고. 그러나 도착 예정시각인 11시가 이미 지났는데도 아직까지 알바니아에서 벗어나지 못하고 있다. 조금 늦는 건 별일 아니니 마음 편하게 쿨쿨 잠을 청했다.

　어느새 국경지역에 도착. 경찰이 버스에 올라타더니 짐 검사를 하겠다며 짐 칸을 열라고 한다. 엄청나게 큰 셰퍼드를 데려와서 냄새를 맡게 한다. 지금껏 국경을 넘나들면서 이런 적은 한 번도 없었는데 마약밀매로 유명한 알바니아에서 들어온 버스라 그런지 검사를 하는 것 같았다.

　검사가 끝난 후 다른 버스에 올라탔다. 시간은 이미 오후 2시를 넘긴 상태. 벌써 예상시간보다 3시간이나 지나버렸다. 오늘 안에 도착하기는 하는 걸까? 다행히 얼마 안 가 스트루가에 다 왔다며 내리라고 한다. 중심부로 이동해 오흐리드로 가는 버스에 올라탔다. 어른, 아이 할 것 없이 죄다 내게로 이목이 쏟아진다. 동양 여자가 혼자 배낭에, 짐을 잔뜩 들고, 새까맣게 탄 피부를 하고 앉아 있으니. 하긴 안 쳐다보는 것도 이상하지.

오흐리드 시내에 도착한 나는 숙소까지 택시를 타고 가기로 했다. 택시 기사는 살갑게 말을 걸기 시작한다. 한국에서 왔다고 하자 매우 반가워한다. 이런 사람들을 만날 때마다 얼마나 기분이 좋은지! 꼬불꼬불한 골목을 지나 한참을 달려 숙소에 도착하고 보니 오후 4시 50분. 티라나에서 여기까지 오는데 무려 8시간이 걸렸다. 오흐리드 오기 참 어렵네. 누가 2시간밖에 안 걸린다고 그랬는데. 차라리 그 말을 안 들었더라면 나왔을걸!

숙소에 짐을 풀고 난 뒤 자전거를 빌려 타고 씽씽 달려 오흐리드 호수 입구로 들어섰다. 그 순간, 눈앞에서 펄럭이고 있는 강렬한 인상의 마케도니아 국기가 확 눈에 띄었다. 그 강렬함에 눈을 떼지 못하다가 호수로 고개를 돌렸다. 내 앞에는 '여기가 혹시 바다가 아닐까?' 싶을 정도로 정말 '엄청나게' 큰 호수가 펼쳐져 있었다.

항구로 와서 사진을 찍고 있는데 웬 하얀 팔각모를 쓰신 할아버지가 내게 다가오신다.

"어디서 왔어요?"

"싸우쓰 꼬레아요."

"아, 꼬레아?"

자신을 리키라고 소개하시는 할아버지. 그렇게 가볍게 인사만 하고 돌아설 줄 알았는데 자꾸 보트로 가서 얘기를 하자신다. 아, 난감하다. 내 심

눈 감은 리키 할아버지와 보비

중을 눈치챘는지 그는 계속해서 자신이 나쁜 사람이 아니라고 강조한다. 알바니아에서 아저씨들이 내게 차에 타라고 했을 때, 짧은 순간이었지만 공포를 느꼈던 걸 떠올리며 다시는 이런 일을 만들지 말자고 다짐, 또 다짐했던 일이 생각났다.

하아, 그런데 이 할아버지 나한테 자꾸 왜 이러시지? 그때 한 남자가 지나간다.

"이 사람이 제일 친한 친구예요. 보비, 인사해."

보비 앞에서도 리키는 자꾸 마케도니아 사람들은 착하고 범죄도 없다며 강조하신다. 그리고 절대 걱정하지 말라며 자신을 믿어달라고 하신다. 음, 갑자기 내 마음이 동요하기 시작한다. 어제 한 다짐들은 대체 어디로 간 것인가…….

"보트 타고 어디로 가는 거 아니죠?"

"걱정하지 말아요. 여기에 이렇게 묶어두고 그냥 앉아서 얘기할 거니까요."

"네, 근데 제 자전거는……"

"가만 놔둬도 돼요. 마케도니아 사람은 남의 물건을 훔치지 않거든요."

"정말요?"

"믿으세요. 절대 아무도 안 훔쳐가니까요."

그렇게 해서 보트에 올라탔다.

지나가는 현지인마다 리키에게 인사를 하고, 리키는 사람들에게 장난을 걸고 한다. 아… 나쁜 사람은 아닌 것 같구나. 멀찌감치 떨어져 앉은 나를 보고 리키는 왜 멀리 떨어져 앉느냐고 한다.

아, 아무래도 불안해. 다시 내려야 할까?

"마케도니아에서는 남자가 여자들 몸에 터치할 수 없어요. 그랬다간 경찰에게 잡혀가요. 나도 킴의 몸에 터치 안 할 거구요. 믿어주세요. 마케도니아 사람들 매너 있고 좋답니다."

보트는 밧줄에 묶여 있는 상태였고, 점점 긴장이 풀렸다.

"사실, 한국은 범죄가 자주 일어나요. 그래서 아까 좀 두려웠어요."

"걱정하지 말아요. 마케도니아 사람은 그렇지 않거든요. 우리는 다들 친구예요."

"정말 신기한 나라네요."

갑자기 그가 뭔가를 꺼내서 내게 내민다.

"자, 이거 선물이에요."

"어머, 저 주시는 거예요?"

"그럼요."

리키가 건넨 것은 새 깃털이었다. 그리고 나더러 자기 집으로 저녁식사를 초대하고 싶다고 한다. 이건 좀 위험하다!

"아니에요. 전 좀 더 이곳을 구경하고 싶어요. 호의는 감사하지만……"

"그럼 레스토랑 어때요? 우리 집이 걱정된다면 레스토랑은 괜찮지 않아요?"

여행 와서 만날 남들이 사주는 공짜 밥과 술을 얻어먹고 다니는 '거지 사주'를 타고난 나는, 리키가 한사코 사주겠다는 것을 거절하지 못하고 팔자대로 행하고 말았다. 리키가 데려간 곳은 동네 스낵코너였다. 현지인들이 찾는 곳에서 파는 음식을 먹어보고 싶었던 터라 무척 반가웠다. 그는 음식을 가리키며 이것저것 먹어보길 추천한다.

"리키, 오늘 찍은 사진 리키에게 보내드리고 싶어요. 혹시 집 주소 알려주실 수 있나요?"

"아니에요. 보내지 마세요."

"왜요?"

리키 할아버지가 데려간 스낵코너 음식들

"관광객들하고 찍은 사진이 수천 장이에요."

리키는 수많은 관광객들에게 이런 좋은 추억들을 선물해왔었구나. 헤어질 시간이 되자 그는 쿨하게 'Bye!' 이 한마디만 남긴 채 뒤도 돌아보지 않고 갔다. 그런 뒷모습을 바라보는데 왠지 섭섭하고 아쉬운 마음이 들었다.

숙소로 돌아와서 스탭에게 리키를 만났다고 하자 활짝 웃는다. 세상에나, 그를 모르는 오흐리드 사람들이 아무도 없단다. 리키는 정말 좋은 사람이었구나!

다음 날 아침, 길을 나선 나는 먼저 호숫가로 가서 리키를 찾았다. 저 앞 보트에 리키가 타고 있었다. 리키와 반갑게 악수를 하고, 반대편 호수 쪽을 둘러볼 거라고 하니 친절하게 설명을 해준다.

"시간 되면 이따 오후에 공짜로 보트투어 시켜줄게요."

"정말요? 팔라(고마워요)!"

리키와 오후 5~6시 사이에 부둣가 앞에서 만나기로 약속을 한 뒤, 가던 길로 발걸음을 향했다. 얼마 가지 않아 벤치에 앉아 있던 한 아저씨가 갑자기 나를 불러 세운다.

"이봐요, 잠깐만요! 그쪽이 어떤 남자랑 영어로 대화하는 거 보고 불렀어요."

"아저씨도 리키 알아요?"

"리키? 리키가 누구죠?"

"아저씨 오흐리드 사람 아니에요?"

"아니에요. 여기서 약간 떨어진 마을에 살고 있답니다."

그리고 빠지지 않는 질문을 내게 던진다.

Fisher Village

"어디서 왔어요?"

"한국에서 왔어요."

"오, 싸우쓰 꼬레아? 30년 전 제 여자 친구가 한국 사람이었어요! 이름은 정자, 영어 이름은 그레이스였죠."

"하하하, 재밌는 인연이네요."

그렇게 말을 튼 조지 아저씨. 그는 조국을 떠나 20년 동안 미국에서 살다가 작년에 이곳으로 와서 택시 운전을 하고 있다고 했다. 멀리 타국에 살면서도 조국이 그리워 이렇게 다시 찾아온 아저씨. 아마도 향수병을 지독히 앓으셨겠지……. 9월에 다시 미국으로 돌아간다는데 떠나야 하는 아저씨의 모습이 왠지 안쓰럽게 느껴졌다.

호숫가에는 다양한 사람들이 있었다. 누워서 태닝을 하는 사람, 호수에서 수영하는 사람, 연인과 카드놀이를 하는 사람, 커피를 마시며 휴식을 즐기는 사람 등. 다들 여유를 즐기는 것 같아 나도 같이 즐기고 싶어졌다. 자리에 앉아서 책을 꺼내 들었다. 아니나 다를까 바로 잠이 오기 시작한다. 이럴 거면 무겁게 책은 또 왜 가져왔을까? 괜히 폼 잡는다고 이게 무슨 짓이람.

올드타운에 위치한 한 레스토랑에 식사를 하고 호스텔로 돌아와 뻗어버렸다. 일어나 보니 5시가 좀 넘었다. 이제 슬슬 리키를 만나러 가볼까? 30여 분을 기다리니 리키가 나타났다.

물살을 쏴쏴 가르던 보트는 호수 중간에 멈춰 섰고, 리키는 오흐리드 호수 주변을 일일이 설명하기 시작했다. 'Fisher Village(어부의 마을)'란 곳이 한눈에 들어왔다. 이곳은 3천 년 전에 어부들이 와서 물고기를 잡아먹고 마을을 형성했던 곳이라고 한다. 지금은 휴가를 즐기려고 수영하는 사람들로 가득 차 있었다. 한참을 가던 보트가 어느 한 곳에 멈춰 선다. 그리고 리키는 내게 물속을 내려다보라고 한다. 엇? 공룡 발자국이다!

보트를 타고 이런저런 얘기를 하다 보니 리키와 정말 작별해야 할 시간이 왔다.

"리키, 정말 고마워요. 너무나도 멋진 경험이었어요!"

"한국에 돌아가면 가족들, 친구들에게 마케도니아에 대해 멋지게 얘기해주세요."

"물론이죠! 꼭 그럴게요."

숙소로 돌아오니 테라스에 있던 스페인 아이들이 같이 놀자며 올라오라고 재촉한다. 이 친구들은 어제, 내가 한국에서 왔다고 하니 귀가 찢어지도록 환호해준 아이들. 여행하면서 많은 사람들을 만났지만, 그런 환영을 받아보긴 처

공룡 발자국이 찍힌 돌

음이었다. 그중 잘생기고 스타일리시한 한 남자아이가 한국의 분단문제에 깊은 관심을 보였다.

"북한 사람들이 남한으로 자주 건너간다고 들었어."

"응, 맞아. 남한 정부는 탈북자들이 기본적인 생활을 할 수 있도록 일정 부분 지원해줘."

"한국 사람들은 북한과 통일되길 바라니?"

"나이 드신 어른들은 통일되길 원하지만, 요즘 젊은 사람들 중에는 통일을 원하지 않는 사람도 있어."

"왜? 남한은 잘살잖아!"

"남한이 많이 발전되고 살기 좋아지긴 했지만, 북한이랑 통일되면 다시 경제적으로 퇴보할 거란 생각을 많이들 하기 때문이야."

리게르모와 함께

　이런 심각한(?) 이야기를 하는 가운데 슬슬 바에 가서 한잔 하자는 얘기가 나왔다. 얘기를 나누던 아이들이 하나둘씩 내려가는데 리게르모가 멀뚱멀뚱 서서 나를 기다리고 있었다. 어제 다른 스페인 아이들과는 얘기를 좀 나눴지만, 리게르모와는 가벼운 인사만 주고받았을 뿐이었다. 그러나 테라스에서 그와 얘기를 나누다 보니 급 친해지게 되었다. 우리는 자연스럽게 나란히 바로 향했다.
　일요일 새벽 1시. 그러나 사람들로 바글바글한 오흐리드 거리. 일행이 많았는데도 어느새 주위를 둘러보니 리게르모와 나밖에 없었다.
　"사람들이 안 보이네?"
　"아마 우리 길을 잃은 것 같은데."
　"근처 바에 가서 맥주나 한잔씩 하자."
　"좋아."
　리게르모는 미술사를 전공하고 있는 대학생. 사실 이때까지만 해도 리게르모의 이름을 정확히 외우지 못하고 있었다.

"미안한데, 네 이름이 뭐라고 했지?"

"리게르모"

"리갸르모?"

"아니, 리게~르모"

"아! 리게르모?"

"아니, 아니, 리게흐~르모"

표현이 잘 안 된다. 한국어에는 없는 약간 가래 끓는 소리가 나는 발음인데. 그는 친구들과 그리스를 거쳐 마케도니아로 들어왔단다. 나도 그리스에 가야 했기에 궁금한 점을 물어보았다.

"리게르모, 아테네 어땠니?"

"사실 아테네를 둘러볼 시간이 없었어. 바로 이동해야 했거든."

"그랬구나."

"나 소크라테스를 좋아하거든. 그래서 머물고 싶었는데."

"어? 너도 소크라테스 좋아해? 나도 그래! 내가 가장 좋아하는 철학자야. 《소크라테스의 변론》을 읽고 울었던 기억이 나네."

나는 《소크라테스의 변론》을 영어로 어떻게 말해야 하는지 몰라 그냥 한국어로 "소크라테스의 변론"이라고 말했다. 책 내용을 간단히 말해주니 이해하던 리게르모. 그 말을 알아듣고 그 역시 《소크라테스의 변론》을 스페인어로 말한다. 그런데 알아먹을 수가 있어야지.

어느덧 시간은 새벽 3시를 가리키고 있었다.

"킴, 다른 곳에 한잔 더 하러 가자."

"미안한데, 나 내일 아침 스코피예로 가야 해서."

"아, 그렇지. 그럼 지금 들어가야겠네."

　리게르모와 숙소로 돌아오는 길에 같은 방을 썼던 아드레아와 알바를 만났다. 둘은 우리에게 "너희들 지금 뭐하고 오는 거야?" 하며 짓궂게 물어보았다.
　이봐들, 우리 정말 아무 일도 없었거든!
　리게르모와 짧은 순간 정이 들었는지 헤어짐에 못내 아쉬운 생각이 들었다.
　"리게르모, 지금 이 순간이 우리의 마지막인 것 같아."
　무슨 이별 영화 찍는 것도 아니고, 으허허.
　오흐리드의 밤도 그렇게 깊어간다.

다시 만난 반초
Skopje, MACEDONIA

반초를 혹시 기억할지 모르겠다. 베오그라드에서 만나 같이 돌아다녔던 수다쟁이 마케도니아 사람. 나더러 스코피예에 오게 되면 연락하라고 했었는데, 스타일이 맞지 않는 것 같아 넘어가려 했었다. 그런데 때마침 오랜만에 페이스북에 접속하니 반초가 온라인이 아닌가!

"반초, 나 내일 스코피예로 들어가."

"정말? 몇 시에 도착인데?"

오랜만에 만난 반초와 함께

"오흐리드에서 오전 10시 45분에 출발하는 버스를 타고 가는데, 도착시각은 잘 모르겠어."

"응, 알았어. 터미널에서 기다리고 있을게!"

이렇게 해서 순식간에 반초와 만나기로 결정이 나버렸다. 아, 다시 만났는데도 또 잘 안 맞으면 어떡하지? 내심 걱정된다.

숙소 스탭이 말하길, 오늘은 마케도니아의 공휴일이라고 한다. 마케도니아의 해방과 독립을 목표로 혁명단이 봉기를 일으킨 사건을 기념하는 날. 그래서 거리는 한산하고 상점들은 다 닫혀 있을 거라고 했다. 아니나 다를까 도착하니 거리는 텅텅 비어 있고 사람도 차도 보이지 않았다. 이윽고 터미널에 도착. 창밖을 바라보니 저기 앞에 반초가 앉아 있었다.

"헤이, 반초! 오랜만이야."

"킴! 이게 얼마만이야? 얼굴이 많이 탔네?"

오랜만에 봐서 그런지 매우 반가웠다. 반초에 대한 호감도가 급상승(!)하는 순간이었다.

마더 테레사의 집

"킴, 근데 나 어제 되게 신기했어."

"왜?"

"네가 페이스북에서 말 걸 때, 백 스트리트 보이스가 '서울'에서 공연한 동영상을 보고 있었거든."

'서울'이라고 해서 한국을 떠올렸다던 반초. 그런데 그 순간 한국인인 내가 말을 걸어서 신기했단다.

반초는 오늘 일정을 미리 생각해왔는지 어디를 어떻게 둘러볼 거라고 말해준다. 나를 위해 계획까지 세워 온 반초. 일정 짜느라 고생 많이 했을 텐데 얼마나 고맙던지!

우리는 중심가로 들어섰다. 이곳도 텅텅 비어 있었다. 평소에는 차들과 사람들로 굉장히 붐빈다고 했지만 오늘은 매우 한산했다. 길을 걷다가 알바니아에서 보았던 마더 테레사의 집이 나왔다. 그녀가 이곳 출신이라는 것을 반초는 무척 자랑스러워했다.

슬슬 배가 고파 밥을 먹으러 가려고 했지만, 문을 연 식당이 거의 없었다.

"아뿔싸, 오늘이 공휴일인 걸 깜빡했어. 음식점도 다 닫혀 있네."

"그렇지 않아도 숙소 스탭에게 들었어."

"맛있는 뷰렉(고기, 치즈 등이 들어간 전통 빵 요리)집을 아는데, 거기 데려가려 했건만."

그렇게 거리를 돌고, 돌고, 또 돌다가 햄버거 가게를 발견했다. 배가 너무 고파서 당장 저거라도 먹어야했다. 계산을 하려 하니 한사코 말리던 반초. 내가 돈을 꺼낼 타이밍도 주지 않고 바로 계산해버린다. 이놈의 거지 사주. 고마워, 반초!

햄버거를 받아들고 벤치에 앉아 먹고 있는데, 지나가는 사람들마다 반초와 나를 한 번씩 번갈아 쳐다본다.

"킴, 너랑 있어서인지 사람들이 다들 쳐다보네."

"하하하. 항상 있는 일이니까 신경 안 써."

"쳐다보는 이유가 나쁜 쪽은 아니니까 오해하지 마. 이곳은 동양인을 한 번도 보지 못한 사람도 많고, 겨우 영화 속에서나 보곤 하거든. 실제로 보게 되니 신기하기도 하고 좋은 의미로 보는 거야."

"그렇구나. 사실 난, 그 시선을 즐길 때도 있어."

"멋진데?"

"하하하!"

반초가 사준 햄버거

"근데 킴은 왜 한국말을 안 써? 계속 영어만 하잖아."

"에?"

"내가 만난 일본이나 중국 애들은 대화할 때 가끔 자기 나라 말을 섞어서 하던데."

"그래? 그럼 나도 한국말 해볼까?"

"응."

"(한국어로) 아, 뭐라고 말하지?"

"예스! 바로 그거야!"

반초는 크게 웃으며 아이처럼 좋아한다. 그때 반초가 걸려온 전화를 받더니 친구 한 명이 오기로 했단다. 그렇게 해서 만난 케이트. 반초와 매우 친한 친구란다. 멀리서 걸어오는데 한눈에 봐도 키 크고 늘씬한, 예쁘게 생긴 여자아이였다. 나를 보더니 매우 반가워한다.

"케이트는 스코피예의 역사를 많이 알고 있어. 자세히 설명해줄 거야."

이 건물은 오래전 기차역이었으나 1963년 지진이 일어나 무너져버렸다. 기차역 벽에는 큰 시계가 걸려 있는데 반초의 말에 의하면, 지진이 일어났을 당시 작동을 멈췄고, 지금은 그때 그 시간을 기억하기 위해 그대로 둔 것이란다.

"케이트, 팔라(고마워)!"

1963년에 일어난 지진으로 도시 곳곳의 건물이 무너지고 폐허가 됐던 스코피예. 많은 건물들은 재건에 들어갔고, 몇몇은 지금까지도 재건 중이라고 한다. 우리는 먼저 '차르샤'에 들렀다. 그곳은 오래전 오스만제국이 마케도니아에 침입하여 세운 마을이라고 했다. 이 거리를 걷고 있는데 현지인으로 보이는 사람이 내게 일본에서 왔느냐고 물었다. 반초와 케이트가 한국에서 왔다고 하자, "노 코리아, 노 차이나, 아이 러브 저팬!" 한다. 반초와 케이트는 갑자기 당황하더니 내게 신경 쓰지 말라고 말한다. 괜찮다고 말하긴 했지만 솔직히 나도 당황스러웠다. 하지만 그것보다 반초와 케이트가 오히려 더 신경을 쓰는 듯해서 괜히 미안했다. 이때 반초가 시기적절하게 한마디를 던졌다.

"케이트, 킴이 마케도니아어 하는 거 들어봤어?"

"아니."

케이트와 함께

"킴, '안녕' 한 번 해줘."
"즈드라보~!"
둘은 내 발음이 마케도니아 사람 같다며 놀라 뒤집어진다.
"땡큐도 해줘."
"팔라!"
"와! 발음 좋은데? 그런데 사실 '팔라'는 친한 친구 사이에 써. 공손한 표현으로는 '블라고다렘'이라고 해."
"정말? 난 그것도 모르고 어른, 아이 할 것 없이 전부 '팔라 팔라' 했는데. 그러고 보니 한국어도 비슷한 것 같아. 우리도 친한 사이에는 '고마워'라고 하고, 공손하게 할 땐 '고맙습니다' 혹은 '감사합니다'라고 하거든."
'고맙습니다'와 '감사합니다'를 일일이 따라하는 케이트와 반초. 너무 길어서 어렵다며 '고마워'만 계속 외운다.
"'하이'는 뭐라고 해?"
"안녕."

스코피예 스타디움

"앙뇽?"

"안, 녕."

"앙, 뇽!"

이 외에도 많은 한국어를 전수(!)했고, 나 역시 마케도니아어를 전수받았다. 즐거운 분위기 속에서 자리를 옮겨 시티파크로 향했다. 도착하고 보니 이미 어둑어둑해져 버린 시티파크. 작년까지만 해도 이곳에는 친구들끼리 모여앉아 기타 치고 노래 부르며 맥주를 마시는 사람들이 가득했다고 한다. 그런데 이제는 그러한 풍경을 볼 수 없다고. 경찰들이 제재를 가한다는 것이다.

입이 심심했는지 케이트가 팝콘을 사서 건넸다.

"킴, 먹어봐."

"난 괜찮아."

듣고 있던 반초가 한마디 한다.

"마케도니아에서는 이럴 때 예의에 벗어나."

"그래?"

"응. 누가 음식을 건넸을 때 안 먹는다고 거절하는 건 무례하다고 생각한다고나 할까."

그 말이 끝나기 무섭게 나는 냉큼 팝콘을 집어서 먹었다.

"마케도니아에서는 귀 양쪽이 빨개지면 누군가 자기 얘기를 하고 있다고 해."

"한국에서도 귀가 간지러우면 누가 자기 얘기한다고 하는데!"

"또, 시계가 1:11, 2:22처럼 같은 숫자가 세 개 겹치는 시간을 가리키는 걸 보면 누군가 자기를 생각하고 있다고 해."

"그건 한국이랑 완전히 똑같은데?"

케이트는 새로운 약속이 생겨서 헤어져야 했다. 비록 짧은 만남이었지만 케이트와 함께한 시간이 매우 좋았다. 반초는 물론 말할 것도 없고.

반초와 나는 벤치에 앉아 또 얼마간 얘기를 나누다 숙소로 돌아왔다. 돌아오는 내내 오늘이 공휴일인 걸 깜박했다며 계속 미안하다고 말하는 반초. 그러면서 내가 하루 더 머물렀으면 좋겠다고 했다. 정말 마음 같아서는 하루고 이틀이고 계속 있고 싶지만, 이제 일정을 더는 늦췄다간 앞으로 터키도 못 들어가게 생겨서. 미안해, 반초.

숙소에 와서 반초에게 단어 몇 개를 한글로 적어주었다.

한국어를 전혀 읽지 못하는 반초는 키릴문자로 따로 받아 적었다. 그리고 휴대폰으로 방금 쓴 것을 사진으로 찍어 보여주며 무척 좋아했다.

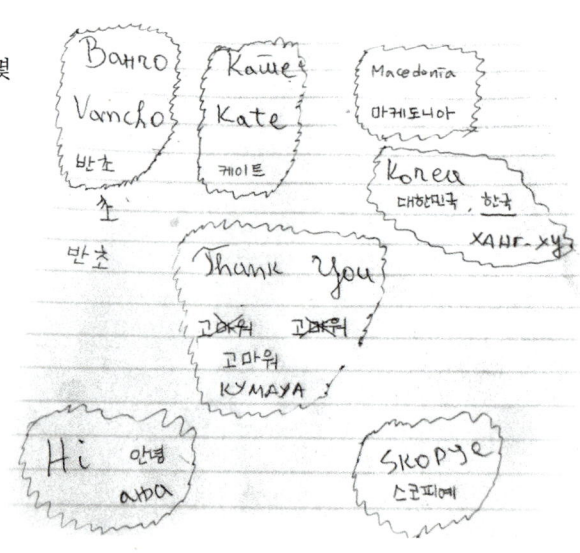

　이제 반초와 아쉬운 작별을 해야 한다. 베오그라드에서 만났을 때 그에 대한 느낌이 그다지 좋지 않았던 이유를 이제야 알 것 같다. 그 전날 야간버스를 타고 아침 일찍 베오그라드로 건너와 컨디션이 최악이었기 때문에. 물론 반초는 여전히 말 많은 그 모습 그대로였다. 하지만 오늘 만난 반초는 그때와는 180도 다르게 느껴졌다.
　스코피예, 이들을 만나지 않았더라면 썰렁하고 텅 빈 이곳이 무슨 재미가 있었을까? 나를 위해서 일정까지 짜 왔던 반초. 스코피예와 마케도니아에 관해 많은 것을 알게 해준 케이트. 고마워. 너희를 잊지 않을게!

하나, 둘, 세트
Meteora, GREECE

그동안 일정들이 늦춰지면서 포기해야 할 곳 중 하나였던 메테오라. 그러나 무리를 해서라도 그곳에 가기로 했다. 왠지 가지 않으면 후회할 것 같아서.

테살로니키에서 머물고 있었는데 메테오라로 이동하려 하니 바로 가는 버스나 기차가 없다. 버스 같은 경우는 테살로니키에서 트리칼라로, 트리칼라에서 칼람바카로, 칼람바카에서 메테오라로 세 번이나 갈아타야 하는데(뭐가 이리도 복잡한지!) 기차보다 시간대가 훨씬 나았다. 고민 끝에 버스를 타고 가기로 결정. 목이 말라 콜라나 마실까 하여 터미널에 있는 편의점을 둘러보는데 콜라 500ml 하나에 1.5유로, 거의 2,500원이다. 살인적인 물가에 그냥 침이나 모아 삼키기로 했다.

"메테오라 수도원은 한두 군데면 충분해."

테살로니키 호스텔에서 만난 호주 여행객이 하던 말이 생각났다. 다섯 군데 중 네 군데를 갔다 왔지만, 내부의 프레스코며 분위기는 다 비슷비슷하다고.

"그럼 한 군데만 가도 괜찮겠네?"

"당연하지! 전혀 문제없어!"

어차피 시간도 넉넉지 않은 편이라 그곳만 보고 가기로 했다.

메테오라에서 내려다본 칼람바카 마을

'대 메테오른 수도원' 입구에 들어서려하는 순간, 티켓 창구에서 짧게 인사했던 여자가 혼자 자기 사진을 찍고 있는 게 보였다.

"저기, 제가 찍어드릴까요?"

대 메테오른 수도원

"어머, 고마워요."

이 여자는 브라질에서 온 루치아나. 그리스가 첫 유럽 여행지란다. 그녀도 내 사진을 찍어주어서 고맙다는 인사를 하고 싶었다. '땡큐'라고 하기보다는 브라질어로.

"땡큐가 브라질어로 뭐예요? '그라시아스'인가?"

"아니에요. 그건 스페인어예요."

"앗. 죄송해요."

중고등학교 때 배웠던 서양 식민지 역사를 떠올려보니 포르투갈은 브라질, 스페인은 브라질을 제외한 나라들이었는데 순간 착각했다.

"우리는 포르투갈어를 써요."

"잠시 착각했네요."

"땡큐는 '오브리가도'라고 해요."

"오케이. 오브리가도!"

입구로 들어가서 입장권을 끊는데 학생 할인은 적용이 안 된다며 미안해하는 아저씨. 할인이 안 된다고 미안하다고 하는 사람은 처음 본다. 사소한 배려에 입가엔 미소가.

여행하면서 주로 유럽이나 북미 사람들을 만났었는데 그쪽 얘기만 듣다가 남미 얘기를 들으니 신선했다. 루치아나가 갑자기 화제를 바꿔 말을 건넸다.

"나 '타이컨도' 배웠어요."

"타이컨도? 혹시 태권도?"

"아! 태권도요. 그런데 시작할 때 숫자, 그거 어떻게 세는 거였죠?"

"하나, 둘, 셋 이거요?"

"맞아요. 하나, 둘, 세트."

외국인들은 '셋'을 꼭 '세트'라고 한다.

대 메테오른 수도원에서 내려다보는 풍경은 입을 다물지 못하게 했다. 나지막한 평원 위에 여기저기 불쑥 솟아 있는 기암괴석들을 보며, 자연의 위대함에 다시 한 번 혀를 내둘러야 했다. 그러나 더 위대했던 것은 꼭대기에 위태롭게 세운 수도원들이었다. 아니, 정확히 말하면 그 수도원을 지은 사람들이었다. 게다가 예전에는 지금처럼 길이 나 있지 않고 밧줄과 도르래만을 이용해서 올랐다고 하니, 신을 향한 그들의 강한 믿음이 할 말을 잃게 만든다. 그리스어로 '공중에 서 있다'는 뜻의 메테오라는, 이처럼 자연과 인간이 만들어낸 위대한 걸작이었다.

수도원에서는 일본 관광객 무리가 보였다.

"루치아나, 그거 알아요? 사람들이 절 일본 사람으로 종종 착각하더라구요."

"아무래도 유럽인들은 아시아인의 얼굴을 구분 못하니까요."

"유럽 사람들을 말하는 게 아니에요. 여행하면서 만난 한국 여행객들도 제가 일본 사람인 줄 알았다고 하더라구요. 심지어 일본 사람들마저 저를 보면 일본 사람인 줄 알았다고 하구요."

"하하하, 재밌네요. 저는 여기 오니깐 사람들이 그리스 사람인 줄 알던데."

"하하, 사실 저도 루치아나가 그리스 사람인 줄 알았어요."

"그뿐만이 아니에요. 터키, 브라질, 캐나다 등등. 참 아시아는 안 들어봤네요. 하하하."

테살로니키에서 메테오라로 당일치기를 하러 왔다는 그녀는 수도원을 한 군데 더 둘러본다고 했다. 짧은 만남이라 아쉬웠지만 헤어져야 했다.

메테오라에서 칼람바카 마을까지는 아스팔트길이 기다랗게 놓여 있는데 그늘이라고는 도무지 찾아볼 수가 없었다. 햇볕은 뜨겁게 내리쬐고 있었고, 나는 그것을 온몸으로 받아가며 한 시간째 내려오고 있었다. 그런데 갑자기 앞에 웬 차 한 대가 서더니 누군가가 내려서 이쪽으로 막 달려온다.

"헤이, 킴!"

어? 루치아나잖아! 어째서 나보다 앞에 있는 거지? 분명 수도원을 더 둘러볼 거라고 했었는데.

"위에서 그리스 사람을 만났어요. 그 친구 차를 타고 내려오는데 킴이 걸어가고 있는 걸 봤어요."

"고마워요. 그렇지 않아도 무척 더웠는데."

"어서 올라타요!"

그렇게 나는 그리스인 야니의 차에 올라탔다. 그는 마을로 내려가는 중간마다 차를 세우고는 수도원에 관련된 얘기를 해주었다. 그는 영어를 잘 못해서 그가 그리스어로 말하면, 루치아나는 다시 내게 영어로 말해줬다. 알고 보니 루치아나는 그리스어도 할 줄 알았던 것! 야니의 말에 따르자면 메테오라는 다섯 군데의 수도원으로 유명하지만, 사실은 총 24개의 수도원이 있다고 한다. 어떤 곳은 줄을 타고 올라가야 하고, 어떤 곳은 암벽 중간에 있기도 하단다. 야니는 차를 몰아 여행객들에게 알려지지 않은 수도원 밑으로 데려다 주기도 했다.

야니와 루치아나 둘의 사진을 남기고 싶어 찍으려 하자 야니가 갑자기 루치아나의 볼에 키스를 한다.

응? 원래 알던 친구였나? 친한 사이인가 보네.

야니는 루치아나와 나를 버스정류장에 내려다 줬다. 그는 그 길로 떠났고 또다시 루치아나와도 헤어질 시간.

"야니랑은 어떻게 알게 된 거예요?"

"야니? 거기서 걸어 내려오다가 만났어요."

"어? 그럼 여기서 만난 사이라구요?"

"네. 그냥 걸어가겠다고 하는데 나더러 자꾸 타라는 거예요. 몇 번 얘기해보니까 재밌는 사람이더라구요. 그래서 탔죠."

과연, 루치아나도 예사롭지 않군!

"근데 어떻게 루치아나의 볼에 키스를 할 수 있죠?"

"그래서 나도 놀랐어요!"

루치아나와 야니

그리스 테살로니키에 있는 화이트 타워. 오스만제국의 감옥으로 사용되던 곳. 피로 얼룩이 많이 져 하얗게 칠했다 하여 '화이트 타워'라는 이름이 붙었다.

"전 원래 알고 있던 친구인 줄 알았어요."

"전혀요. 여기서 처음 만났는걸요. 아무튼 볼에 키스는 왜 하는지! 으, 끔찍해!"

하하하. 루치아나에게 잊지 못할 메테오라가 될 것 같다. 처음 본 그리스 남자가 다짜고짜 차에 타라고 하질 않나, 게다가 볼에 키스까지 하질 않나.

이제 아테네로 가야 할 시간. 표를 끊고 기차를 기다렸다. '그리스 타임'을 떠올리며 늦게 오면 어떡하나 걱정했지만, 다행히도 기차는 제시간에 왔다. 자리에 앉으니 건너편에 앉은 남자가 나를 계속 뚫어지게 쳐다본다. 표정이 완전 구겨진 채로. 기분 나쁘게 왜 저렇게 쳐다보지?

꼬마 아이 둘은 내 관심을 끌고 싶은지 아까부터 주위를 얼쩡거리고 있다. 평소 같으면 말도 걸고 장난도 쳤을 텐데, 저 남자 때문에 기분이 상해서 그러고 싶지 않다. 그리스 사람들에 대해 점점 인상이 안 좋아지려 한다. 고개를 돌리다 어떤 할머니와 눈이 마주쳤다. 그런데 나를 보고 환하게 웃으시는 게 아닌가! 갑자기 그리스 사람이 좋아지려 한다. 줏대 없기는. 하하하!

소크라테스도 이 길을 밟았겠지
Athens, GREECE

체크아웃을 하기 위해 아래층에 내려갔더니 나를 보곤 주인 할머니께서 할아버지를 부른다.
 "이분이 글쎄, 소크라테스를 좋아한대요. 호호호"
 "정말이에요? 반가워요. 나도 소크라테스를 좋아한답니다."
주인 할아버지께서 한쪽 벽면을 가리키신다.

wifi password: socrates

각종 국제회의 및 전시회장으로 이용되는 '자피온'

"와이파이 암호도 소크라테스예요."
"어제 주인 할머니께 들었어요. 그래서 더 반가워요!"

주인 내외와 기분 좋은 인사를 나눈 뒤 밖으로 나와 숨을 흠뻑 들이마셨다. 이름만 들어도 가슴 설레는 아크로폴리스, 아고라, 그리고 소크라테스. 이테네야, 내가 왔다!

어제 버스를 타고 올 때 창문 너머로 아테네를 구경하는데 어찌나 가슴이 콩닥거리던지! 특히 저 건너서 보이는 리카비토스 언덕의 야경은 두근대다 못해 심장을 터져버리게 만들었다.

우선 오늘 밤 산토리니로 들어가는 페리의 표를 끊기 위해 신타그마 광장으로 향했다. 예약을 하고 티켓을 받아드는데 날짜가 8월 5일로 떡하니 찍혀 있다.

"오늘이 8월 5일인가요?"
"네……? 네. 하하하"

아크로폴리스

　직원은 당황하더니 이내 웃는다. 여행한지 오래되어서 오늘이 며칠인지, 무슨 요일인지도 모를 때가 종종 있다. 아이고, 이 아메바야! 정신은 차리고 다녀야지!
　가벼운 발걸음으로 아크로폴리스를 향해 달려갔다. 저 멀리 두 눈에 들어오는 아크로폴리스를 보고 있으니 정말, 정말 눈물이 나올 것 같다. 숨이 막혀온다. 왜 이렇게 두근두근거리지?
　어느덧 입구에 도착. 음, 가만가만. 원래 입장권 가격은 12유로고, 학생증을 내밀면 6유로라고 했겠다. 그런데 유럽 학생이면 공짜라고 했지?
　"여기서 티켓 끊나요?"
　"네."
　"전 스코틀랜드에서 공부하는 학생인데요."
　순간 유학파로 돌변!

에렉테이온 신전

"학생증 줘보세요."

헉, 학생증 검사하는 거였나? 이런. 어쩌지? 괜히 거짓말했네. 사실대로 말해야 하나? 아냐, 아냐. 의심받지 않게 태연하게 행동하면 돼.

"자, 여기 있어요!"

당당하게 국제학생증을 꺼내 들었다. 국제학생증에는 한글로 '외환은행'이 떡하니 적혀 있다. 만약 이 사람들이 한글을 안다면, 그래서 걸린다면? 설마 쇠고랑? 아닐거야, 아니겠지? 직원은 내 학생증을 이리저리 살펴보더니 입을 연다.

"무료예요."

만세, 6유로 굳었다! 어찌나 가슴 졸였던지 짧은 순간에 천국과 지옥을 왔다 갔다 했다. 궁핍하면 정말 별 수 없어진다.

아크로폴리스 내 파르테논 신전은 보수공사가 한창인지 크레인으로 온 사

필로파포스 언덕과 헤로데스 아티쿠스 음악당

방이 둘러싸여 있다. 1640년 오스만제국이 아테네를 침략했을 때 이곳은 화약 저장고로 사용됐었고, 이후 베네치아군의 폭격을 당해 지금처럼 지붕이 파괴되었다고 한다. 안으로 들어가니 듣던 바대로 사람들이 많았다. 한참을 서성거리다 떠나려고 하는데 왜 이리 발걸음이 떨어지지 않는지. 괜히 기둥이 몇 개인지 세어도 보고, 크레인도 한 번 쳐다보곤 했다. 여기서 소크라테스는 과연 무슨 생각을 했을까? 그도 이 길을 밟았겠지…….

다시 길을 나와 아고라로 향했다. 엄청난 무더위에 이미 정신은 반쯤 나간 상태. 아고라고 뭐고 눈에 들어오지도 않는다. 발길을 돌리려다 말고 멈춰 섰다. 근처에 소크라테스 감옥이 있다는 것이 생각났기 때문이다. 지도를 펴보니 아까 왔던 길을 다시 돌아가야 한다. 그것도 경사진 길을. 그러나 고민은 전혀 없었다. 꼭 가고 싶었다. 꼭 가야만 했다. 내 두 눈에서 눈물 나오게 한 장본인을, 그리고 그 장본인의 감옥을 직접 눈으로 봐야만 했다.

소크라테스 감옥

소크라테스의 감옥에 간다고 생각하니까 발걸음이 그리 가볍지는 않았다. 막상 감옥 앞에 도착하고 나니 무얼 해야 할지 모르겠다. 그는 이곳에 갇혀서 무슨 생각을 했을까? 2천여 년이 흐른 후, 한국에서 온 이름 모를 한 여성이 아주 오래전 그가 이곳에 갇혔던 것을 떠올리며 가슴 아파하는 것을 알기나 할까. 나는 우매한 그리스인들을 비난해보기도 하고, 소크라테스가 처했던 상황을 통탄하기도 하며 한참을 그렇게 감옥 앞에 서서 괴로워했다.

'저 이제 가볼게요.'

들리지도 않을 말을 속으로 되뇌며 애써 발걸음을 돌려본다. 뒤돌아보고, 또 한 번 뒤돌아보길 계속하면서…….

아테네에서의 마지막 오후를 어디서 보낼 것인가 생각을 해보았다. 불현듯 한 군데가 떠올랐다. 아테네로 들어올 때 보았던 리카비토스 언덕. 버스와 메트로를 타고 리카비토스 가까이에 있는 에반겔리스모 메트로역에 도착했다.

제우스 신전. 기둥이 매우 커서 사람들이 점으로 보인다.

어디로 가야 할지 몰라 무작정 지나가는 사람을 붙들고 물어봤다. 그런데 돌아오는 대답은 하나같이 "몰라요!" 이런 불친절한 그리스인 같으니라고! 그런데 다시 지도를 들여다보니 '리카비토스'를 '리비카토스'라고 잘못 말하고 있었던 것이었다. 하긴, 외국인이 우리나라에 와서 남한산성을 '남성산한'이 어디인가요? 라고 물으면 모른다고 하는 것과 마찬가지일 터. 다행히 다른 사람의 도움을 받아 언덕으로 천천히 걸어 올라갔다.

드디어 꼭대기에 도착. 난간에 앉아 다리와 팔을 공중에 뻗고 시원한 바람과 마주했다. 여기서 내려다보는 아테네의 전경은 아크로폴리스에서 본 것보다 훨씬 멋졌다. 온 사방에 나지막이 깔린 집과 건물들이 하얀 물결을 이루고 있었다. 석양을 보려면 힌침을 기다리야 하시만 산노리니행 페리를 타려면 일어설 수밖에. 짧은 일정 탓에 아테네에서의 모든 순간순간이 더욱 아쉽기만 하다.

리카비토스 언덕

피레우스 항구에 도착했다. 페리에서 좋은 자리를 맡으려는지 다들 셔틀버스에서 내리자마자 배로 뛰어간다. 주위를 둘러보니 나만 혼자 유유히 걸어가고 있었다. 배 안으로 들어가자 사람들이 정말 바글바글하다. 갑판의 좋은 자리들은 이미 다 누군가 차지한 상태. 그래도 나름 누워 잘 수 있는 공간을 발견하고 짐을 내려놓았다. 그리고 맥주를 꺼내 홀짝이다가 잠을 청해본다. 이제 이 배에서 5시간만 자고 일어나면 산토리니에 도착해 있겠지? 아아, 설레서 잠이 안 올 것 같다.

집 나간 정신을 찾습니다
Santorini, GREECE

어젯밤 설레는 마음을 가득 안고 잠이 들었다. 새벽 5시에 산토리니에 도착한 다고 해서 혹시나 못 일어날까봐 알람을 10개나 맞춰놓고 잤다. 중간에 눈을 떠보니 새벽 3시 30분. 다시 잠을 청했고, 눈을 떴을 땐 왠지 느낌이 이상했 다. 시계를 보니 5시 42분. 도착 시간보다 40분이나 지났다! 오 미이 갓! 주위 를 둘러보니 객실도 텅텅 비어 있다.

으악, 어떡하지? 산토리니를 얼마나 기대했는데 이럴 순 없어.

이럴 순 없다구!

여기가 어디인지 물어보려고 혼비백산해서 신발도 신지 않고 막 뛰어갔다. 그때 출구로 나가는 기나긴 줄 발견. 이어서 흘러나오는 방송.

'산토리니에 도착했습니다.'

어? 뭐지? 뭐지? 여기가 산토리니라구? 그럼 여기서 내리는 거 맞나?

어휴, 정말 다행이다! 놀란 가슴을 쓸어내렸다.

사람들이 얼마나 많이 내리던지 나가는 데도 시간이 한참 걸린다. 정신이 없던 터라 모두 빠져나간 뒤 한적해지면 버스를 타고 가기로 했다. 때마침 아랫배에서도 신호가 와서 화장실로 달려가 시원하게 일을 치르고 나왔다. 나와 보니 항구는 텅 비어 있었다. 하아, 이제야 숨통이 트이는 게 살 것 같구나! 다음 버스가 언제 오는지 궁금해 인포메이션 센터로 향했다. 그런데 방금까지만 해도 열려 있던 곳이 닫혀 있다. 어라? 느낌이 이상해 주위를 둘러보니 그 많던 렌터카 업체들도 다 닫혀 있었다. 배낭을 메고 두리번거리자 어떤 아저씨가 다가온다.

"버스 기다리나요?"

"네."

"12시까지는 버스가 없어요."

"뭐라구요?"

"페리가 도착하는 시간에 맞춰서 운행하거든요. 다음 버스는 12시에나 있을 겁니다."

"아, 이런……. 그런데 지금 위에 올라가시는 거예요?"

"네. 이거 타세요."

"에프카리스토(고맙습니다)!"

생각지도 못한 친절에 너무나 고마워하고 있는데, 그 순간 들려오는 한마디.

"10유로예요."

"네?"

"위에까지 10유로입니다."

"아, 1…… 10유로요……?"

결국 돈을 내면 태워주겠다는 것이었다. 기분이 상해 타지 않겠다고 하자 아저씨는 바로 떠나버렸다. 아, 그나저나 이를 어쩐다? 그때 저 멀리 여행객 무리가 보였다.

"저기요! 혹시 버스 놓쳤나요?"

"네."

"이런. 저도 그래요."

이탈리아에서 온 세 명의 남자들. 그들과 함께 12시까지 버스를 기다리기로 했다. 쉴 새 없이 무언가를 물어보는 이탈리아남들. 일일이 답변을 해주고 있는데 뭔가 허전하다.

앗, 가방이 없어졌다! 항상 메고 다니는 숄더백, 그 숄더백이 없다!

이런 이런, 어디에 두고 왔지? 배에서 내릴 때 두고 왔나? 아니면 아까 그 화장실에 두고 왔나? 오늘 정말 왜 이러지? 뭐에 제대로 홀렸나?

"나 가방을 두고 왔어!"

말을 마치자마자 당장 화장실로 향했다. 화장실은 여기서 100미터 앞에 떨어져 있다. 그 거리가 어찌나 길게 느껴지는지. 으윽, 없어졌으면 어떡하지? 가방 안에는 여권, 전 재산, 신용카드, 현금카드, 디카, mp3, 거기다 넷북까지! 중요한 것들은 모조리 다 들어 있는데! 누군가 발견한다면 그 즉시 들고 튈 게 뻔했다. 막상 화장실 입구에 들어서니 쉽게 발걸음이 떨어지지 않는다. 있을까 없을까? 도저히 못 들여다보겠다. 혹여나 없다면……? 아, 제발…… 제발 거기 있어줘!

그리고 안을 들여다보는데, 가방이 온전히 그 자리에 있다! 다행히 없어진 물건도 없었다. 다리에 힘이 풀리려고 한다. 오늘 정말 왜 이러는지 알 수가 없다. 늦게 일어나질 않나, 버스를 놓치질 않나, 가방을 잃어버릴 뻔하질 않나.

시간은 흘러 산토리니의 중심부인 피라 마을로 가는 버스가 왔다. 12시에 출발했으니 항구에 갇혀 대략 5시간을 보낸 셈이다. 버스를 타고 구불구불 경사진 길을 올라가는데, 멋진 광경에 5시간의 악몽은 저 멀리 날아간 듯 했다. 그리고 하나 깜짝 놀란 것. 섬이 아주 크다는 것이었다. 오기 전에는 자그마한 섬인 줄 알았는데 크나 큰 오산이었다. 항구에서 피라 마을까지 들어가는데도 시간이 꽤 걸렸다.

숙소를 예약한 곳은 산토리니 섬 끝에 자리 잡고 있는 이아 마을의 한 호스텔. 산토리니에 있는 유일무이한 호스텔이라고 한다. 가격도 괜찮은 편이었다. 피라 마을에서 버스를 갈아타고 숙소에 도착했다. 내 앞에서 체크인을 하던 여성과 같은 방을 배정받고 인사를 나눴다.

"어디서 왔어요?"

"인도에서 왔어요."

"와우, 인도요? 저는 한국에서 왔어요."

"알아요. 아까 여권 내밀 때 봤거든요."

그렇게 말을 튼 세슬. 인도 사람이지만 샌프란시스코에서 살고 있고, 그래픽 디자이너란다. 이때까지만 해도 세슬과 잊지 못할 추억거리를 만들 거라고는 전혀 생각지도 못했다.

앞으로의 계획은 산토리니에서 이틀을 보낸 뒤 야간 페리를 타고 코스 섬으로 이동하는 것. 먼저 페리 티켓을 끊기 위해 이아 마을에 위치한 여행사에 갔으나 예약이 꽉 찼단다. 피라 마을로 이동해 알아보았지만 역시 마찬가지였

다. 그다음 페리는 날짜가 너무 늦어 곤란했다. 그렇지 않아도 터키 일정이 처음 계획보다 짧아져서 수정에 수정을 거듭하느라 정신이 없는데, 더 늦어지면 답이 없다. 어쩔 수 없이 눈물을 머금고 내일 오후 2시쯤 출발하는 페리를 예약해야 했다. 왜 자꾸 일들이 꼬이는 걸까?

내가 생각하던, TV에서 보았던 그 산토리니를 찾기 위해 피라 마을 여기저기를 다녔지만 도무지 보이지 않는다. 절벽에 붙어 있는 집들을 따라 쭉 걸어보는데 으윽, 이게 무슨 냄새야? 어디서 웬 구린내가 난다. 알고 보니 이 냄새의 정체는 당나귀. 어쩐지 나귀가 많이 보인다 했더니 길목 여기저기 온 구석에다가 똥오줌을 싸놓았던 것이다. 이건 내가 상상하던 산토리니가 아니야!

실망을 가득히 안은 채 버스를 타고 다시 이아 마을로 왔다. 모퉁이를 돌아 마을 안으로 들어서는데, 어머나! 내가 생각했던 산토리니는 바로 이곳에 있었다.

해 질 무렵이라 그런지 사람도 엄청나게 많았고, 어디를 찍든 사람들이 프

레임 안에 항상 걸쳐 있었다. 여기서 해가 질 때까지 기다리기로 했다. 긴박한 순간의 연속이었던 오늘 하루를 되짚어보며, 산토리니에서의 석양을 처음이자 마지막으로 즐길 수밖에 없는 상황을 아쉬워했다.

해는 점점 기울어 자취를 감추려고 한다. 지금 지는 이 태양은 지구 반대편에서 새롭게 떠오르고 있겠지? 해가 완전히 모습을 감추자 사람들은 손뼉을 치고 휘파람을 불었다. 나도 같이 손뼉 치면서 소리를, 아니 괴성을 질러댔다.

숙소로 돌아와 쉬고 있는데 세즐이 보인다.

"해 지는 것 봤어?"

"응. 너무 멋졌어!"

"석양 볼 때 그렇게 사람들이 많이 몰려든 건 처음 봤어."

"정말? 한국에서는 매년 마지막 날과 새해 첫날에 일몰, 일출 보러 사람들이 엄청나게 모여드는걸."

"신기하다!"

산토리니의 상징(?) 당나귀

세즐은 어느 액세서리 가게에 가봐야 한다며 나갔고, 나도 휴식을 취하다 밖으로 나갔다. 길을 돌아서는데 세즐이 보였다. 그녀는 가게 사람들과 열심히 이야기 중이었다.

"야수(안녕하세요)!"

"야수!"

반갑게 악수를 하고 얘기를 나누기 시작했다. 가게에 있던 여자는 엄마를 도와주러 온 딸이었다. 그녀의 이름은 안카. 아테네에 사는데 방학이라 잠깐 일을 도와주러 이곳에 왔다고 한다.

그들과 다사다난했던 오늘 하루에 대해 한참 대화를 나누고 있는데, 안카의 어머니 크리스티나가 들어오신다. 두 팔을 벌리고 활짝 웃으며 오는 크리스티나. 내가 한국에서 왔다고 하니, 갑자기 진열된 귀고리 중에서 하나를 골라 나에게 보여준다.

"이것 봐봐, 꼭 킴 같다."

크리스티나, 세즐, 안카와 함께

"하하하!"

귀고리에는 긴 머리의 동양여자가 그려져 있었는데 크리스티나가 말하길, 이 귀고리를 보는 이들마다 '이 사람 어디서 왔느냐'고 묻는단다. 그때마다 모르겠다고 했던 크리스티나는 앞으론 싸우쓰 꼬레아에서 왔다고 해야겠단다. 밤 11시가 넘었는데도 액세서리를 구경하러 오는 사람들이 많았다. 그녀는 손수 만든 것들을 팔고 있었는데 독특한 것들이 많이 보였다. 손재주가 정말 대단한 것 같았다.

"산토리니는 언제까지 머물 거야?"

"원래 이틀 머물려고 했는데, 페리 예약이 다 차버린 바람에 어쩔 수 없이 내일 오후에 떠나야 해요."

"아, 저런. 그럼 오늘이 마지막 밤이겠네?"

"네. 처음이자 마지막 밤이네요."

"오 마이 갓!"

갑자기 크리스티나가 자리에서 일어나더니, 아까 그 동양인 긴 생머리의 여

자가 그려진 귀고리를 내게 선물로 주신다. 때론 호탕하고, 때론 다정다감하고, 친화력이 너무나 대단했던 크리스티나! 고마워요.

안카는 나와 세즐이 머무는 숙소가 어떻게 생겼는지 궁금하다고 했다. 그래서 같이 호스텔에 갔다. 가는 길에 한 남자를 만났는데, 미국 텍사스에서 온 이 아저씨도 알고 보니 같은 호스텔에 머물고 있었다. 셋은 내게 한국어 몇 마디를 가르쳐달라고 했고, 나는 먼저 가장 기본적인 인사를 가르쳐주었다.

"안녕."

"안녕? 내가 들었던 것은 그것보다 조금 길었던 것 같은데?"

"안녕하세요?"

"맞아, 맞아. 안녕하세요!"

"땡큐는 뭐야?"

"'고맙습니다' 혹은 '감사합니다'. 그냥 '고마워'라고 해도 돼."

"잠깐 방금 길었던 거 뭐라고 했지?"

수블라키를 팔던 가게 주인 럭키아저씨. 맥주 한 잔을 공짜로 건네주던 후한 인심의 소유자

"감사합니다?"

"응. 감자합니다."

누군가 한 명이 따라 하면 나머지 두 명도 그대로 따라 한다.

"감자합니다."

"아니야, 감자합니다가 아니라 감사합니다!"

"감자합니다."

"감, 사!"

"감, 자!"

"사! 사!"

"사아아!"

"감자합니다 할 때 '감자'는 'potato'란 뜻이거든."

"potato? 감자! 감자!"

"듣고 보니 안녕은 마치 'onion'을 빨리 발음하는 것 같은데?"

이번에는 당근이 뭐냐고 묻는 안카. (감자, 양파, 당근까지. 채소 장수하면 딱

맞겠는데?)

"'carrot'은 '당근'이라고 해."

"단큰!"

"당근!"

"당큰!"

"하하하. 당근은 젊은 사람들이 'of course'라는 뜻으로 써."

텍사스에서 온 아저씨는 우크라이나어를, 안카는 그리스어를, 세즐은 인도어를, 나는 한국어를 할 줄 알았다. 그래서 그냥 각자 자기 나라말로 대화를 하기로 했다. 물론 서로 무슨 말을 하는지는 다들 모른 채. 이렇게 얘기를 시작하는데, 벽을 부여잡고 폐가 찢어지도록 웃느라 구급차에 몇 번 실려 갈 뻔했다. 아저씨가 안카에게 우크라이나어로 얘기하면, 안카는 나머지 사람들에게 그리스어로 말하고, 세즐이 턴을 넘겨받아 인도어로 말하면, 나도 그 뒤에 한국어로 얘기하고. 30분간이나 우리는 이 이해할 수 없는 상황

주인아저씨 몰래 마당에 꺼내놓은 매트리스

을 즐기며 미친 듯이 온 동네가 떠나가라 웃어댔다. 그것도 새벽에, 골목에서, 게다가 입에 술을 댄 사람은 아무도 없었는데 말이다!

다시 호스텔로 돌아오니 시계는 새벽 2시를 가리키고 있었다. 누워서 자려는데 세즐이 너무 덥다며 마당에서 자자고 한다.

"여기 너무 더워. 우리 매트리스 옮겨서 밖에 있는 마당에 깔아놓고 자자."

우리는 조명도 없이 깜깜한 방에서 조용조용 매트리스를 꺼내 나르기 시작했다. 마당에 매트리스를 깔고 누워 있는데 갑자기 세즐이 웃음을 터뜨린다. 나도 같이 웃음이 터졌다. 서로 왜 웃는지 말은 안 해도 그냥 웃음이 저절로 툭 하고 터졌다. 또 한참을 깔깔거리며 웃는다. 밤하늘을 바라보니 별이 엄청 많다. 마치 모든 별들이 내게로 쏟아지는 것 같다.

낮과 밤, 그 상황들이 180도 달랐던 산토리니에서의 하루. 대부분 사람들이 '산토리니' 하면 분위기 있고 예쁘고 아기자기한 풍경을 떠올리겠지만, 내게는 '미친 날'을 보낸 곳으로 기억될 것 같다.

다음 날 아침, 주인아저씨는 매트리스가 밖에 나와 있는 것을 보자마자 예상

했던 대로 한마디 했다.

"이거 어디서 갖고 왔어요?"

"방에서요."

"다시 갖다 놓으세요!"

"죄송해요. 그럴게요."

체크아웃을 한 뒤 세즐과 같이 나왔다. 광장에 들어서서 먼저 액세서리 가게로 향했다. 마침 크리스티나가 나와 있었다. 세즐을 보고는 반갑게 인사하더니 나를 보고는 "누구?" 한다. 그러더니 "킴?" 하며 매우 놀란다.

"킴, 오늘은 예쁘게 차려입었네!"

"어제는 막 샤워하고 잠옷 차림으로 나왔었거든요. 하하하"

옷도 다르게 입고 짙은 선글라스까지 끼고 있었으니 몰라봤나 보다. 반갑게 인사하자 크리스티나가 안으로 막 들어오라고 한다. 하지만 피라 마을로 가는 버스를 타기까지 두 시간밖에 남지 않아 이따가 다시 오겠다고 했다. 세즐은 원래 다른 곳에 갈 계획이었지만 나와 동행한단다. 고마워, 세즐!

세즐과 함께 걷는데 갑자기 그녀가 어떤 사람과 그리스어로 인사를 나눴다.

"깔리메라!"

"방금 뭐라고 한 거야?"

"깔리메라. 굿모닝이란 뜻이야."

그녀가 그리스어로 한마디 하면 나도 따라했다.

"깔리스페라."

"깔리스페라!"

"이건 '굿 애프터눈'이란 뜻이야. 그리고 '에프카리스토'가 땡큐잖아? 그것보다 더 짧은 게 있어."

"뭔데?"

"파리스토! 또 '파리스토 뽈리'라고 하면 '정말 고마워'란 뜻이 돼."

인도인인 세즐에게 그리스어를 배우다니! '야수(안녕)' 하나만 알고 있었는데 세즐 덕분에 많이 알게 됐다.

"세즐! 나, 인도 노래 아는 거 있어."

"어떤 노래?"

"뚫훑뚫훑뚜 뚫훑뚫훑뚜 뚫훑뚫훑뚜 따다다~!"

예전에 개그 프로그램에서 들었던 노래를 부르기 시작했다. 자꾸 터져 나오는 웃음을 참느라 정신이 없는데, 세즐은 진지하게 듣고 있었다. 그러더니 같이 따라 부르기 시작한다.

"그나저나 이 노래 어떻게 알아?"

세즐

"한 7~8년 전에 한국에서 유행했어. 되게 유명해."
"정말? 인도에서도 엄청 유명한 노래야."
나는 계속해서 마저 불렀다.
돌날라봤자 뚱베발리빠쏠리 뚜빕쁠빠하자 빠흘레헤 빠아아아~!
세즐의 눈이 휘둥그레진다.
"킴을 만나게 돼서 산토리니에서의 날들이 너무 재밌어. 하도 웃어서 배가 너무 아파."
"나도 마찬가지야. 세즐 때문에 웃겨서 숨넘어갈 것 같아!"
"킴은 정말 멋진 여행 친구야."
"세즐도!"
이윽고 떠나야 할 시간이 왔다. 유쾌한 시간을 함께 보냈던 세즐에게 인사를 하고, 마지막으로 액세서리 가게에 들러 크리스티나와 작별을 고한 뒤 양볼에 쪽쪽 인사를 나누고 헤어졌다.
"크리스티나, 세즐! 파리스토 뽈리!"

 버스를 타고 항구로 가서 코스로 가는 페리에 올라탔다. 산토리니에서 터키로 바로 들어가는 페리가 없기 때문에 코스 섬으로 먼저 이동해야 했다. 5시간이나 걸려 도착한 코스 섬. 이미 밤 9시가 넘어 주위는 온통 깜깜했다. 숙소를 구하려고 호객꾼들을 찾아보았지만 보이질 않는다. 오늘도 대책 없이 왔는데, 어디서 자야 하나? 결국 노숙을 하기로 마음먹고 장소를 물색한 뒤 공원으로 갔다.

 어느덧 자정을 넘어선 시각. 주변에는 술 취한 사람들이 고함을 지르며 술주정을 하고 빈 병을 발로 차댔다. 계속 자리를 지키려했지만 여기 있으면 위험할 것 같았다. 또다시 이동해 장소를 물색했다. 일단, 주변에 사람들이 많아야 한다. 남자들만 있는 곳도 안 되고 밀폐되거나 외진 곳이 아니라 오픈된 공간이어야 한다. 왔던 길을 되돌아가는데 클럽이 모인 거리에서 사람들이 반쯤 미친 채로 춤을 추고 있었다. 쿵쿵거리는 음악 소리에 고막은 터져나갈 것 같고, 거나하게 취한 애들은 이리저리 몸을 비틀며 흔들어대고 있었다. 그 사이를 비집고 나와 바다가 보이는 곳으로 왔다.

시계를 보니 새벽 2시밖에 되지 않았다. 바다가 보이는 광장에는 사람들이 많이 모여 있었고, 내게 관심을 쏟는 사람은 없어 보였다. 그래도 혹시 누가 나를 건들까 봐 두 눈을 부릅뜬 채 '날 건들면 너 죽고 나 죽는다'라는 표정을 지었다. 그런데 눈이 풀리고, 서서히 긴장도 풀린다. 이제는 잠까지 온다…….

시간이 새벽 3시를 향해 가는데도 광란의 밤은 수그러들 줄 모른다. 잠깐, 저기 앞에 패스트푸드점이 있잖아? 그래, 저기 구석에 가서 자면 되겠다. 다시 배낭을 들쳐 메고 패스트푸드점으로 향했다. 치즈버거를 하나 시키고 게 눈 감추듯 먹어치우자마자 테이블에 고개를 처박고 잠을 청했다. 한참을 자고 있는데 어떤 남자가 나를 세차게 흔들어 깨운다.

"이봐요! 여기서 자면 안 돼요!"

"네? 아, 죄송해요. 아침에 터키로 가는 페리를 기다리는 중인데 잠깐 눈을 붙이고 있어요."

"아, 저는 술 취한 사람이 여기서 자는 줄 알았네요."

뭐라고? 술 취한 사람……?

비몽사몽 간에 정신이 없어서 계속 미안하다고 말했는데, 알고 보니 그 사람도 직원이 아닌 손님이었다. 하아, 빨리 이 새벽이 지나갔으면.

01 그리스식 커피. 원두를 갈아서 직접 물에 끓여 마시기 때문에 다 마시고 나면 분말 찌꺼기가 컵에 가라앉는다.
02 그리스 전통음식 '수블라키'. 꼬치에 끼운 고기를 감자튀김, 채소와 함께 밀전병에 싸먹는 음식

나, 터키에서 호미질 한 여자야
· Cappadocia, TURKEY

에휴, 지친다 지쳐.

 터키에 와서는 계속 안 좋은 일들만 생긴다. 패러글라이딩을 하러 가서는 이유 없이 욕설을 듣질 않나, 숙소를 소개시켜준다며 친절을 가장해 거짓말하는 사람을 만나질 않나. 이제껏 여행하면서 몸은 힘들어도 마음이 힘든 적은 없었는데, 이곳에서 안 좋은 사람들만 만나다 보니 점점 지쳐간다.
 우여곡절 끝에 카파도키아로 떠나는 야간버스 티켓을 구한 뒤 괴레메(카파

도키아의 거점 마을)로 건너오는 중이었다. 데니즐리를 출발한 버스는 네브쉐히르에 잠시 정차를 했다. 괴레메로 가려면 여기서 내려 갈아타라는 차장의 말에 잠이 덜 깬 상태에서 버스에서 내렸다. 그때 또 누군가 한 명이 다가온다. 이 사람 저 사람에게 너무 당한 터라 이제 다가오는 터키인마다 경계를 하게 된다.

"계속 나쁜 사람들을 만나서 좀 지치네요."

"어디를 갔다 왔는데요?"

"페티예랑 파묵칼레요."

"그곳은 관광지여서 나쁜 사람들이 많아요. 괴레메는 그곳과는 문화가 다릅니다. 이곳은 매우 안전하고 사람들이 전부 좋아요."

그런데 이 사람, 내가 한국 사람이라고 하니 나름 유창하게 한국어를 하는데 이젠 이런 것도 보기 싫어진다. 그동안 내게 나쁜 기억을 심어준 터키 사람들은 모두 한국어를 하면서 다가왔기 때문이다. 이윽고 그가 나를 데려간 곳은 R여행사. 순간 소름이 쫙 돋았다. 알아본 바에 의하면 그곳에서 사기당한 사람이 많으니 절대 가지 말라던 곳이었기 때문이다. 나는 여행사 간판을 보자마자 "노!"라고 소리를 지르며 나와버렸다. 아저씨는 밖으로 나가는 나를 계속 따라왔다.

"왜 나간 거야?"

"저 지금 혼자 있고 싶으니까 내버려두세요!"

그리고 인상을 팍 썼다. 아저씨는 그런 나를 보고 흥분해서 크게 말한다.

"한국인들 정말 매너 없어!"

다시 괴레메로 향하는 버스에 몸을 싣고 창밖 풍경을 바라보며 가는데 기암괴석들이 서서히 시야에 들어오기 시작한다. 드디어 카파도키아에 온 것이다. 이곳은 까마득히 오래전 화산 폭발이 있은 후 화산재가 쌓여 지층이 생겨났고, 몇 차례의 지각변동과 풍화작용을 거쳐 지금과 같은 모습이 되었다고 한다. 눈앞에 펼쳐진 광경은 분명 멋있었지만, 지친 마음에 즐길 기분은 전혀 나지 않는다. 버스는 얼마 지나지 않아 괴레메 정류장에 도착했고, 나는 바로 인포메이션 센터를 찾았다. 예약한 숙소를 말하니 무료픽업 서비스가 나온다.

인상이 좋아 보이는 주인아저씨가 나를 반긴다. 그에게 어제 일어났던 일들을 얘기했더니, 카파도키아에서 쉬면서 여유를 찾으라고 해주신다. 이 한마디가 어쩌나 위로가 되던지……. 서글펐던 마음이 한꺼번에 씻겨 내려가는 것 같았다.

점심을 먹으러 레스토랑에 들어갔다. 고기는 질리고 빵은 너무 많이 먹어서 피하려 했건만, 결국 선택한 것이 또 빵이었다. 터키의 전통 빵 요리인 라흐마준과 렌틸콩 수프를 주문한 뒤 식사를 하는데 아까부터 종업원이 자꾸 내 앞에서 알짱거린다. 어디서 왔냐, 학생이냐, 카파도키아에는 언제 왔냐 등등 다

른 손님들 서빙을 해주다가도 쉴 타임이면 어느새 내 테이블로 와서 말을 건다. 네브쉐히르에 있는 대학교에서 영어를 전공하고 있다는 그는 방학 내내 이곳에서 일만 한단다. 게다가 쉬는 날은 고작 한 달에 한 번뿐이라고.

"너무 안됐다. 휴가는 없어?"

휴가는 하루 일을 끝마치는 매일 '밤'이라고 한다. '밤' 하면서 이글거리는 눈빛으로 나를 쳐다보는데, 어우 어쩌라고?! 다 먹고 나가려 하자 또 오라고 한다. 손님에게 하는 이 형식적인 멘트가 왜 이렇게 진지하게 들리지? 아, 나도 점점 미쳐가나 보다.

본격적으로 구경을 나서는데 갑자기 어떤 곳에서 급하게 나를 불러댄다.

"저기요!"

"네?"

"이리 와서 빨리 땅 좀 파요."

어떤 아저씨께서 호미를 들고 손짓을 하며 빨리 와서 일하라고 재촉한다.

"네? 땅을 파라구요?"

"네. 얼른 일 좀 해요!"

그러고는 무작정 내 손에 호미를 쥐여준다. 이건 또 무슨 시추에이션이란 말인가? 일단 실컷 웃고 난 나는 열심히 흙을 고르기 시작했다. 왜 이걸 해야 하는지도 모른 채.

"이쪽만 파지 말고, 저쪽도 파요."

"이거 다 파요?"

"응, 다 파버려요!"

황당하면서도 지금 이 상황이 그저 웃길 뿐이고. 카파도키아에 와서 호미질을 하다니!

"자, 수고했으니 차이(터키 사람들이 즐겨 마시는 차) 한잔 줄게요."

"괜찮아요. 방금 밥 먹고 와서 배부른 걸요."

"아니야, 일 열심히 했으니깐 마시고 가요."

벌써 두 잔 마셨지만 또 받아들었다. 고맙다고 인사한 뒤 나가려 하자 구경 갔다가 다시 들르라고 한다.

"구경한 뒤 바로 로즈밸리 투어 하러 가야 해요."

"그럼 투어 끝나고 와요."

"밤에요?"

"응, 밤에."

밤은 무슨 밤이야! 아저씨, 됐거든요!

어쨌든 다시 생각해도 재밌는 상황에 나도 오랜만에 한껏 웃어본다.

다시 구경을 나섰다. 갈림길이 나와 어디로 갈까 고민하다가 '괴레메 야외 박물관'으로 향했다. 아스팔트길을 따라 걷는데 눈앞에 보이는 바위들의 기괴한 형상이 도무지 믿어지지 않는다. 세상에나! 이런 곳이 지구상에 존재하다니! 살면서 평생 보지 못했던 광경들이 눈앞에 펼쳐지고 있었다.

그건 그렇고 아, 왜 이렇게 햇살이 강한 거야? 카파도키아는 바람이 많이 불어서 그늘에 들어가면 참 시원하지만, 양지에만 나오면 사람을 기진맥진하게 만든다. 어차피 밤에 투어도 해야 하고, 체력이 바닥나면 못 즐기니 숙소로 돌아와 로즈밸리 투어에 갈 준비를 했다.

로즈밸리 투어는 카파도키아에 있는 숙소에서 개별적으로 진행하는 투어. 해 지기 전에 붉은 사암으로 이루어진 로즈밸리란 곳으로 가서 해 질 무렵에 내려오는 투어다. 그러나 내가 묵는 숙소에서는 해가 진 뒤, 밤하늘에 별까지 보고 온다고 하니 무척 기대됐다. 나까지 포함해 이곳에 묵고 있는 한국인 넷이서 바바(주인아저씨)와 함께 투어에 나섰다. 바바는 우리를 차에 태우고 비포장도로를 먼지 휘날리며 달리더니 한쪽에 차를 세웠다. 로즈밸리에 도착한 것이다. 우리는 해 지는 풍경을 보기 위해 열심히 트레킹을 하며 바위 위로 올라갔다. 이윽고 최종 목적지에 도착. 탄성이 안 나오려야 안 나올 수 없었다.

마음씨 따뜻한
주인아저씨 바바

"와, 진짜 멋지다! 쵹 이이(매우 좋아요)!"

해는 서서히 지고 있었다. 하늘과 땅이 맞닿는 지점은 점점 붉게 물들어가고, 노을에 반사된 바위들은 숨을 멎게 만들었다. 바바는 잔을 꺼내 에페스 맥주와 와인을 따랐다. 한 손으로 맥주를 들이켜며 노을을 바라보고 있으니, 잡다한 생각이 전혀 들지 않았다. 해가 지자 바바는 어디선가 나뭇가지를 잔뜩 가져와 불을 지폈다. 그리고 포일에 싼 감자를 올려놓았다. 전부 한국인이라 한국어로 대화하다 문득 바바가 심심해할 것 같아서 이따금 말동무가 되어 드렸다.

"심심하시죠?"

"아니야, 괜찮아."

"내일부터 라마단 기간이죠?"

"그렇지, 그 기간엔 해가 떠 있는 동안 음주, 흡연, 음식 모두 안 돼."

"힘드시겠어요. 바바도 무슬림인가요?"

"아니. 무슬림은 아니지만 라마단 관습은 지킨단다."

어둠이 깔리자 별들이 하나둘씩 선명하게 드러나기 시작한다. 바위에 누워 밤하늘을 바라보는데 어찌나 별들이 깨알같이 박혀 있던지……. 고개를 더 위로 드니 은하수까지 보인다. 좋다. 너무너무 좋다. 이대로 누워서 잠들었으면! 갑자기 저쪽 하늘에서 '쑹' 하고 뭔가가 지나간다.

앗! 별똥별이다!

별똥별이 떨어지자마자 여기저기서 "못 봤어!" "난 봤는데!"라는 말이 나온다. 이날 나는 총 네 개의 별똥별을 보았다. 태어나서 처음으로 보는 별똥별. 그래서인지 더 기억에 많이 남을 것 같다. 밤이 깊어갈수록 카파도키아가 더욱 사랑스러워진다.

01 얇은 도우에 다진 고기, 향신료가 올려 진 터키식 피자 '라흐마준'
02 렌틸콩과 올리브, 토마토소스가 들어간 '렌틸콩 수프'. 추어탕과 비슷한 맛이었다.
03 터키식 빈대떡이라 불리는 '괴즐레메'. 얇은 밀전병에 고기, 치즈, 야채 등을 넣고 기름기 없이 화덕에 구운 음식
04 타북 쉬쉬케밥. 닭고기를 꼬치에 꿰어 구운 음식

거침없이 메르하바
Cappadocia, TURKEY

둥~ 둥~ 둥~

둥~ 둥~ 둥~

   새벽 3시쯤 밖에서 북 두드리는 소리가 들려왔다. 이는 라마단 기간에만 볼 수 있는 풍경. 북을 두드리는 이유는 어서 빨리 일어나 밥을 하라는 뜻이란다. 이 기간에는 해가 떠 있는 시간엔 아무것도 먹지 못하기 때문에 사람들은 꼭 두새벽에 일어나 밥을 먹는다.

오늘은 도자기로 유명한 차우신 마을을 둘러보려고 나섰다. 그때 한 레스토랑에서 "메르하바(안녕하세요)" 하고 인사하는 소리가 들렸다. 나도 답례로 "메르하바!" 하고 외쳤다.

"어디서 왔나요?"

"싸우쓰 꼬레아요."

"꼬레아? 음, 당신은 보통 한국 사람이랑은 다르군요."

"어떤 점이요?"

"한국 사람들은 다들 차갑거든요. '메르하바' 하고 인사하면 당신처럼 대답하기는커녕 다들 무시하고 가버려요."

대체 이 얘기를 몇 번째 듣는지. 유독 터키에서 한국인들이 불친절하다는 말을 많이 듣는 것 같아 속상했다.

"차우신에 간다구요?"

"네."

"거기는 뭐 하러 가는 거예요?"

"특별한 일은 없구요, 그냥 현지 사람들이랑 얘기하고 싶어서요."

"나도 현지 사람이에요. 하하하."

자신을 가리키며 웃으시는 아저씨. 나는 상업적인 마인드가 없는 현지인이 더욱 끌리는 걸! 발걸음을 옮겨 길을 따라 쭉 걸어갔다. 어느 집 앞에서 아낙네들과 아이들이 둘러 앉아 도란도란 얘기를 나누는 게 눈에 띄었다.

"메르하바!"

멀리서 내가 인사를 하자 다시 "메르하바" 하고 답례가 온다. 그리고 이어서 크게 들리는 소리.

"어디서 왔나요?"

"한국에서 왔어요. 실례가 안 된다면 들어가봐도 될까요?"

"물론이죠. 이리 오세요."

그렇게 해서 무작정 현지인의 집에 가게 됐다. 이들은 대가족이었다. 할머니 파티마와 며느리 하니페는 한집에 같이 살고 있고, 파티마의 두 딸 세마와 아이셀은 아이들을 데리고 친정집에 방문했단다.

"어제부터 라마단 기간이었죠?"

"네."

"그럼 해가 떠 있는 동안에는 아무것도 먹지 못하겠군요."

"정확히는 새벽 4시부터 저녁 8시까지 먹지 못하죠."

"이슬람교는 참 대단한 종교 같아요."

"왜요?"

"배고프고 불쌍한 사람들을 생각해 그들과 똑같은 경험을 하는 차원에서 라마단을 갖는 거잖아요. 라마단이 끝나면 음식을 서로 나누어 먹고 도와주는 모습이 참 인상적이에요."

내 말이 끝나자 사람들이 미소를 지어준다.

한 꼬마가 아까부터 카펫에 드러누워 뭔가 뾰로통한 얼굴을 하고 있다.

"라마단 기간이라 아무것도 먹지 못해서 저러는 거예요."

한참 이야기를 나누는데 내 앞으로 싱싱한 포도를 내온다.

"아니에요. 전 괜찮아요. 라마단 기간인데……."

"전혀요. 어서 드세요."

"이거 너무 죄송한데요."

"드시라니까요."

"테셰큘에데림(고맙습니다)."

하니페, 파티마 할머니와 아이들

포도송이를 하나 따서 입안에 넣는데 어찌나 시원하고 달콤한지 온몸이 짜릿했다. 하지만 마음이 편치 않았다. 다른 사람들은 먹지 못하기 때문에. 미안한 마음에 포도를 몇 개 먹다 말고 손을 내려놓았다.

"어서 안으로 들어와요. 밖은 너무 더워요."

터키의 일반 가정집에는 처음 들어와 보는데 아주 깔끔했다. 모두 거실에 앉아 도란도란 얘기를 나누기 시작했다. 아이셀은 아까부터 계속 내게 배고프냐고 물어본다. 두 번이나 사양했는데도 또 조금 있다가 뭐 먹지 않을래 하고 물어온다. 계속 거부하는 것도 무례한 것 같아서 이번에는 거절할 수 없었다. 그저 현지인들과 도란도란 얘기하며 시간을 보내려 했는데, 뜻하지 않게 밥까지 얻어먹게 생겼다. 음식상을 받고 보니 술루 쾨프테, 올리브, 치즈, 빵, 수박이 놓여 있었다. 술루 쾨프테는 터키 전통음식으로 토마토소스에 미트볼이 들어간 국물 요리인데, 자극적이지 않고 담백했다. 다 먹고 나서 주방에 갖다 드

253

린 뒤 설거지를 하려고 하자 한사코 말리신다.

"내일 카파도키아를 떠날 예정인데 실례가 안 된다면 다시 한 번 들러도 되나요? 떠나기 전에 인사드리고 싶어요."

"언제든지 환영이에요. 항상 킴을 기다리고 있을게요."

터키 사람들, 이렇게 순박하고 좋은 사람들이었구나. 그동안 하도 관광지에서 이상한 일을 겪느라 좋은 사람들까지 몰라봤나 보다. 인사를 하고 헤어지는데 아무도 들어가지 않기에 "얼른 들어가세요" 하며 인사하고 또 인사했다. 정까지 많은 사람들…….

원래 가려던 차우신 마을은 다음 날로 미루고 우치히사르로 가는 버스에 올라탔다. 《하울의 움직이는 성》의 모티브가 된 우치히사르는 괴레메에서 가장 높은 곳이라고 한다. 이곳에서 카파도키아의 모습을 내려다보았다. 여러 신기한 모양을 한 기암괴석들이 드넓게 펼쳐져 있었다. 두 눈, 아니 열 눈으로도 담기 어려울 정도로 광활했다. 한참을 넋 놓고 바라보다가 다시 마을로 내려갔다.

가장 먼저 찾아간 곳은 그제 호미질을 했던 곳이다. 다행히도 사람들이 나를 기억하고 있었다. 가자마자 내게 또 차이를 건네는 마음씨 좋은 사람들.

"내가 킴의 터키 이름을 하나 지어줄게요."

"뭔데요?"

"자난."

"자난? 무슨 뜻이에요?"

"'사랑스럽다'라는 뜻이에요."
"오예! 터키 이름 생겼다! 앞으로 '자난'이라고 불러주세요. 하하하"

이번에는 '나르길레'라는 물담배를 경험해보기 위해 한 음식점에 들어갔다. 물담배를 처음 해보는 나에게 사과 맛을 추천해주었다. 긴 호스를 입에 물고 '후' 하며 뿜고 있었는데, 호스 줄을 빼내려다 그만! 테이블 유리를 와장창 깨버리고 말았다. 오 마이 갓! 이럴 수가!

안에 있던 종업원은 무슨 일인가 싶어 급하게 뛰어나왔다.
"이거 물어내야 해요. 알죠?"
"네……."

아, 미치겠다. 어떡하지? 아마 분명히 바가지 씌워서 엄청 떼어먹을 텐데. 어떡해!

등에서는 식은땀이 주르르 흘렀다.

'자난'이라는 이름을 지어주신 아저씨와 함께

"여기서 잠깐 기다리세요."

이 말을 남긴 채 직원은 어디론가 사라졌다. 어제오늘 순조롭게 잘 넘어간다 했는데 또 이런 일이 터져버리다니! 매번 이렇게 사건이 터진다. 이거 물어주면 완전 빈털터리 될 텐데……. 울고 싶다, 정말.

그때 밖에서 맥주를 마시고 있던 한 외국인 여성이 다가왔다.

"무슨 일이에요?"

"제가 테이블 유리를 깨버렸어요."

"어머, 어쩌다가요?"

"나르길레 하다가요."

"음, 지금 직원 밖에 나갔으니까 얼른 도망쳐요."

"네?"

"지금 도망가라구요. 어서!"

당황한 나는 계속 발만 동동 구르고 있었는데, 그분은 내게 어서 도망가라고 외친다. 에라, 모르겠다! 일단 튀어! 나는 가방을 챙겨 들고 냅다 튀기 시작했다. 혹시나 직원이 내 인상착의를 기억할까 싶어 뛰어가는 도중 조끼를 벗어서 가방 속에 넣고 부리나케 달렸다. 헐떡거리며 숙소에 도착하자 사람들이 무슨 일이냐면서 물어본다. 방금 나르길레 하다가 테이블 유리를 깨고 도망쳐 나왔다고 하니 다들 눈이 휘둥그레졌다. 그런 날 보며 한국인 여행객이 많아서 걸리지 않을 거라 안심시키는 사람도 있고, 이곳 사람들은 동양인 관광객을 자주 접해 쉽게 얼굴을 기억한다고 말하는 사람도 있고, 심지어는 레스토랑과 숙소가 연계된 곳이 많아 오늘 밤 범인을 찾으러 올지도 모른다고 말하는 사람도 있었다. 나는 곧바로 옷을 갈아입고 안경을 낀 채 최대한 못 알아보도록 '변장'을 했다.

하아…… 걸리면 어떡하지?

 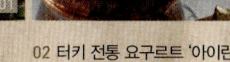 

01 카파도키아 명물 '항아리케밥'   02 터키 전통 요구르트 '아이란'   03 '치킨 탄두르'

마음을 치유하는 곳
Cappadocia, TURKEY

카파도키아에서의 마지막 날이 밝았다. 어제 나르길레를 하다 도망쳐 나온 것을 생각하면 아직도 아찔하고 오금이 저린다. 찾아가서 사과드려야 하는 게 마땅한데, 물어낼 금액을 생각하면 도무지 발걸음이 떨어지지 않는다. 오늘따라 아침에 왜 이렇게 배가 고프던지. 어제 일에 온통 신경 쓰느라 에너지를 모두 소진해버려서 그런가?

아침부터 부랴부랴 짐을 챙기고 나갈 준비를 마쳤다. 오늘은 매일 지나치던 길이 아닌 다른 길로 빙 돌아서 갔다. 나르길레를 했던 가게가 바로 매일 다니던 길에 있었기 때문에.

으윽, 오늘만 잘 버티면 된다!

조마조마하면서 괴레메 정류장에 도착해 파샤바로 가는 돌무쉬(미니버스)에 몸을 실었다. 돌무쉬는 한참을 달리다 갑자기 도로 한가운데에 '끼익' 하고 멈춰 섰다.

"파샤바, 저쪽 길로 들어가세요."

돌무쉬에서 내려 문을 닫으려고 하는데 닫히질 않는다. 아무리 힘을 줘도 꿈쩍도 안 한다. 낑낑대고 있을 때 들려오는 기사 아저씨의 건조한 한마디.

"자동문입니다."

으으으, 굴욕이도다!

한참을 걷다 보니 저 앞에 파샤바가 보였다. '스머프 마을'이라는 별칭답게 버섯바위들이 사이좋게 옹기종기 모여 솟아 있었다. 하나 떼어다가 구워서 삼겹살 위에 올려놓고 먹으면 맛있을 것 같아 보였다. 침이 꼴깍. 옛날 사람들은 이곳에 요정들이 살고 있다고 믿어 '요정이 춤추는 바위'라는 뜻의 '파샤바'라는 이름을 붙였다고 한다. 또, 오래전 수도사들이 이곳에서 거주했다 하여 '수도사의 골짜기'로 불리기도 한다. 괴레메 근방에서 흔히 보던 바위가 아닌 버섯 모양의 바위를 보니 느낌이 색달랐다. 바위 벽은 어찌나 무른지 손톱으로 긁으면 파편들이 부슬부슬 떨어질 것 같았다.

차우신 마을로 발걸음을 돌리는데, 머리카락이 타들어가는 듯한 찜통더위다. 땅에서는 뜨거운 기운이 어지럽게 올라오고, 하늘에서는 강렬한 태양이 이글거리며 내리쬐고 있다. 많이 걸어온 것 같았으나 가야 할 길은 아직 한참이나 남았다.

터키 전통음식 '피데'. 이탈리아의 피자는 피데에서 유래했다는 설이 있다.

    마을에 도착하고 보니 너무나 조용하고 한적했다. 이곳에서 로즈밸리로 갈까, 괴레메로 갈까 하고 고민하다가 전자를 택했다. 나 홀로 아무도 없는 길을 2시간여 걷고 있으니 대낮이라도 공포가 밀려든다. 만약 이때 갑자기 낯선 남자가 나타난다면?! '어머, 기다리고 있었어요!'라고 하며 와락 안을까 아니면 엎어치기 한 다음 헤드록을 걸어서 숨통을 조여놓을까? 어떻게 대처해야 할지 속으로 궁리를 하다가 그만 길을 잃어버렸다. 결국 로즈밸리를 찾지 못하고 돌아서 나와야 했다.

    다시 괴레메로 가기 위해 도로 근방의 길을 열심히 걸었다. 그때 저 멀리서 오토바이 한 대와 ATV(사륜 오토바이) 두 대가 연달아 오더니 끼-익 소리를 내며 내 앞에서 멈춘다.

    "어디로 가고 있나요?"

    "괴레메로 가고 있어요."

    "뒤에 타세요."

    내가 오토바이에 올라타자 ATV를 탄 사람들이 나를 향해 엄지손가락을 추

스타워즈의 배경이 되었던 '괴레메 골짜기'

봉우리 모양이 장미를 닮은 '로즈밸리'와 바위가 붉은색을 띠는 '레드밸리'. 이 둘은 서로 붙어 있다.

켜 세워준다. 맨 앞에서 오토바이를 운전하고 있는 사람은 투어가이드를 하고 있던 알리. 알고 보니 ATV 투어 중간에 나를 태운 것이었다. 한참을 달리다가 왼쪽으로 꺾고는 갑자기 웬 오르막길을 달리기 시작한다. 덕분에 나는 아까 길을 잃어버려서 포기했던 로즈밸리와 레드밸리를 좋은 위치에서 조망할 수 있었다. 이들을 만나지 못했다면 이곳을 볼 수 없었을 텐데. 그들은 다시 부릉부릉 달려 괴레메에 나를 내려다 주었다.

"테세큘에데림(고마워요)."

"리자에데림(천만에요)."

마을로 돌아와 길을 걷는데 누가 반갑게 인사한다.

"킴?"

엇? 아니 이게 누군가! 어제 현지인 집에서 만났던 하니페였다!

"여기군요!"

"네, 여기가 내 가게예요."

그녀는 내게 악수를 건넸는데, 내 손에 모래랑 흙이 묻어 더럽다고 하자 그래도 상관없다며 악수를 청한다. 마침 파티마 할머니께서 집에 계시다고 해서 잠시 들렀다. 낯선 이방인인 내게 친절을 베풀었던 데 대한 감사 인사와 더불어 작별 인사를 전하기 위해서였다. 어제와 마찬가지로 사람들이 너무나 반갑게 맞이해준다.

"곧 있으면 가야 해서 지금 인사하러 왔어요."

그리고 그간 종종 선물하곤 했던 1,000원짜리 지폐를 드렸다. 아무리 생각해도 드릴만 한 것이 없었다. 특별한 뭔가를 사려 하자니 카파도키아 사람에게 카파도키아 기념품을 줄 수는 없지 않은가!

"안 돼요, 안 돼요."

"받아주세요. 돈이 아니라 선물이에요, 선물."

"절대 안 돼요. 받을 수 없어요."

"제발 받아주세요!"

"절대 못 받아요!"

한사코 거절하는 아이셀과 파티마 할머니. 갑자기 아이셀이 자리에서 일어나더니 저쪽 방에서 하얀 봉투를 가져온다.

"이거 스카프랑 장미로 만든 크림이에요."

"네?"

"스카프는 엄마(파티마)가 직접 만드신 거고, 장미크림은 터키에서 만든 거예요. 자, 받아요."

"그럼 제 선물도 받아주세요."

"안 돼요. 절대 그럴 수 없어요."

"그럼 저도 받을 수 없어요. 제 선물 받기 전까지는 절대 이거 받을 수 없어요!"

몇 번의 거절 끝에야 가족들은 선물을 받아줬고, 나 역시 이들로부터 선물을 받게 됐다. 스카프를 받고 나서 나도 무슬림처럼 똑같이 둘러달라고 했다.

"그리고 이 스카프는 킴의 어머니 것이에요."

"저희 엄마 것까지두요?"

"받아두세요."

"테셰퀼에데림, 테셰퀼에데림."

시계를 보니 아마스야로 가는 버스 시간이 가까워져서 이만 떠나야 했다. 아이셸과 그녀의 남편은 내게 저녁을 먹고 가라고 권했지만, 시간이 촉박하기도 했고 저녁까지 얻어먹으면 너무 무례한 것 같아 얼른 나오기로 했다. 막상 헤어지려고 하니 어찌나 서운하던지. 할머니께서 아이셸의 남편에게 터키어로 말씀을 전하시자 그가 내게 말을 한다.

"할머니께서 1년 뒤에 이곳에 놀러 오라고 하시는군요."

"1년 뒤에는 힘들 것 같으니, 2년 뒤에 꼭 오도록 할게요."

할머니께서는 나랑 얘기를 나누고 싶으신지 나보고 독일어를 할 줄 아느냐고 물어보시는데, 내가 아는 독일어라곤 '구텐탁(안녕)' '당케(고마워)'밖에 없었다. 할머니를 보며 "파티마 당케!" 했더니 내게 미소를 지어보이신다.

"할머니, 건강하시고 항상 몸조심하세요. 그리고 행복하세요."

아이셀의 남편에게 지금 하는 말을 터키어로 전해달라고 부탁했다. 마음이 참 이상했다. 어제 난, 테이블 유리를 깨고 도망친 나쁜 짓을 했는데 오늘 이렇게 이들로부터 따뜻한 마음과 추억, 고마운 선물을 받았으니 말이다. 정말 이래도 되는 건지……. 생각지도 못한 소중한 인연들을 만난 이곳. 정들었던 카파도키아도 이제 안녕이구나.

까짓 거 결혼해줄게
Amasya, TURKEY

"다 왔어요, 내려요."
버스 안내원 청년이 하우자에 도착했다며 나를 깨운다. 새벽 3시 50분. 터키 할아버지 두 분과 같이 내렸다. 한 할아버지께서는 내가 아마스야로 간다고 하니 돌무쉬(미니버스) 시간을 알아 오셔서 알려주시고는, 버스에서 나눠줬던 빵을 안드셨는지 내게 주신다. 할아버지들과도 영어가 전혀 통하지 않아 아는 터키어를 총동원해서 대화를 시도했다. 그래 봤자 '안라듬(알겠어요)' '안라마듬

셰렐, 메메트 할아버지

(모르겠어요)' '벤(나)' '센(너)' 이 정도 수준이다. 마침 오토갈(버스터미널)에 와이파이가 잡혀 생활 터키어를 찾아보았다.

"센 아듬(당신 이름)?"

"셰렐."

"메메트."

이렇게 두 할아버지의 성함을 알게 되어 "셰렐, 메메트. 테셰큘에데림!"이라 말하며 고마움의 인사를 전했다.

아마스야로 가는 돌무쉬는 2시간 30분이나 연착됐고, 나는 출발하기도 전에 완전히 뻗어버렸다. 비몽사몽에 정신은 하나도 없고, 피로도는 그 어느 때보다 최고인 것 같다.

이윽고 아마스야 오토갈에 도착했다. 버스오피스에 도착하니 아저씨들이 나를 정신없게 만든다. 티켓 파는 아저씨, 운전하는 아저씨, 다른 오피스 아저씨들까지 내가 있는 쪽으로 몰려와서는 질문을 쏟아내기 시작한다. 문제는 다

들 터키어로만 얘기하니 무슨 말인지 하나도 모르겠다는 거다. 어찌 보면 이들은 내게 표를 팔아야 하는 상황인데도, 표보다는 오히려 신기하게 생긴 이 동양인 여자에게 관심이 더 많은 것 같았다.

"이름이 뭐예요?"

"벤, 아듬 자난(나, 이름 자난이에요)."

어제 카파도키아에서 한 아저씨가 지어준 이름을 말했다.

"자난? 터키 이름이네!"

"에벳. 벤 투르키쉬 아듬 자난, 코리 아듬 킴(네. 터키 이름 자난, 한국 이름 킴이에요)."

말을 마치자 이 아저씨들, 완전 브라보 분위기다. 문법에 맞는지 틀린지도 모르겠고, 최근에 배운 단어들을 내뱉었을 뿐인데. 버스 티켓을 끊고 나서도 두 시간째 아저씨들과 버스오피스에서 놀고 있다. 한 아저씨가 이젠 나더러 여기서 전화 받고 티켓 끊는 일을 해도 되겠다고 한다. 수화기를 들고 "알료(여보

세요)?" 하면서 볼펜으로 글 쓰는 흉내를 냈더니 여기저기서 웃음이 터진다.

"저 이제 아마스야 구경하러 가볼게요."

"기다려요. 세르비스 버스(무료 셔틀버스)가 시내까지 태워줄 거예요."

사실 구경보다는 배가 고파서 빨리 이곳을 빠져나와 뭐라도 먹고 싶었다. 그러나 라마단 기간이라, 터키 사람들은 배가 고파도 먹지 못하기 때문에 말을 꺼낼 수 없었다. 방금까지 오토갈에서 놀았던 한 아저씨와 세르비스 버스를 타고 시내로 왔다. 이 길로 헤어질 줄 알았건만 또 버스오피스에 들어가서 차이 한잔 마시고 가라고 하신다. 역시나 거절도 못하고 주린 배를 움켜쥔 채 30분가량 더 이야기를 나눴다.

"저 이제 가볼게요. '정말' 안녕히 계세요."

시각은 정오를 넘겼다. 손바닥보다 작은 초콜릿 빵 두 개가 오늘 먹은 것의 전부였으니 뱃가죽이 등 뒤에 달라붙는 것 같았다. 큰 골목으로 들어가는데 현지인들이 많이 갈 법한 음식점들이 여러 군데 보였다. 그중 한 곳으로 들어갔다.

"메르하바(안녕하세요)!"

나보다 어려 보이는 종업원은 음식 사진이 걸려 있는 큰 메뉴판을 가리키며 요리 이름과 주재료, 가격 등을 1번부터 10번까지 일일이 설명해준다. '뭘 먹지' 하고 고민하는데 타북두룸(밀전병으로 돌돌 만 치킨 케밥)을 권한다. 자리에 앉으니 아이란(요구르트 음료)을 하나 가져다주면서 공짜로 주는 거라고 귀띔한다.

"테셰퀼에데림!"

한참을 먹다가 메뉴판을 차근차근 보니 아이란은 원래 세트 메뉴로 같이 주는 것이었고, 타북두룸은 원래 가격보다 조금 높게 말한 것을 알아챘다. 한두 번 당하는 일도 아니고, 그냥 그러려니 했다. 이제는 가끔 이런 행동이 귀여워(?) 보이기도 하니까 말이다.

이곳에서 일하는 88년생 비롤은 아마스야 대학교에 다니고 있다고 했다. 그는 주문 들어올 때 빼고는 나와 계속 얘기를 나눴다. 심지어 음식을 만들면서까지도. 그는 타북두룸을 먹을 땐 종이를 이렇게 벗겨서 먹어야 한다며 알려주고, 물티슈를 하나 더 챙겨서 가방에 손수 넣어주기도 했다. 또 페이스북을 묻더니 나더러 '베리 뷰리풀'이라고 한다. 마지막이 중요 포인트! 하아, 터키에 뼈를 묻어야 하나…… (이 글을 읽는 여성분들은 지금 당장 짐을 싸서 터키로 옵니다. 대한민국 살면서 평생 한 번 듣기도 어려운 말을, 거의 매일 귀에 달고 살 수 있습니다.)

비롤과 함께

아마스야 칼레

비롤의 말에 따르면, 산꼭대기에 있는 아마스야 칼레(요새)에 오르면 예실 강을 끼고 조성된 아름다운 마을의 모습을 볼 수 있다고 했다. 걸어 올라가면 1시간은 걸린다고 하기에 물과 초콜릿을 사서 만반의 준비를 하고 칼레로 향했다. 어느 순간 주위를 둘러보니 아무도 없이 혼자 걷고 있는 나를 발견했다. 고독하게…… 쓸쓸하게……. (아, 안 어울려!) 쉬다가 걷다가 쉬다가 걷다가 그렇게 쉬엄쉬엄 오르다 보니 어느새 눈앞엔 멋진 광경이 360도로 펼쳐졌다.

한쪽 계단에 자리를 잡고 앉았다. 여행이 끝나가는 시점이라 그런지 첫날 이스탄불에 들어와서부터 불가리아, 루마니아, 세르비아 등등 지금까지 스쳐 갔던 나라에서 있었던 일들이 하나둘 떠오른다. 그리고 여행에서 만난 소중한 인연들, 그동안 만났던 사람들이 내게 베풀어 준 도움들……. 부족한 내가 과연 이런 친절을 아무런 대가 없이 받아도 되는 건지. 이상하게도 여기 와서 외롭다거나 심지어 가족과 친구들이 그립다거나 한 적이 정말 단 한 번도 없다.

너무 적응을 잘 한 건지 아니면 그동안 만난 인연들 덕분에 외로움을 느낄 겨를이 없었던 건지……. 가만히 앉아 이런저런 생각을 하며 두 시간을 보냈다.

타북두룸과 아이란 세트

발걸음을 옮겨 다시 시내 쪽으로 내려가는데, 어디서 아이들이 깔깔거리는 소리가 들린다. 할머니들도 나와서 집 밖 계단에 앉아 계시기에, 여기서 쉬어가도 되냐고 여쭤봤다. 한 할머니께서 방금까지 당신이 깔고 앉던 방석을 내게 건네신다.

"아니에요, 아니에요."

계속 거절했지만 할머니께서는 뒤에 있는 다른 방석을 가져다가 깔고 앉으셨다. 역시나 영어가 통하지 않자 오늘 새벽에 적어놓은 터키어 종이를 꺼내 거의 읽다시피 하며 대화를 했다.

"부균 촉 쓰작(오늘 매우 더워요)."

내가 이렇게 한마디 했더니 터키어를 잘하는 줄 알고 쉬지 않고 터키어로 얘기하신다. 한 할머니께서는 계속 내 등을 쓰다듬으며 뭐라 뭐라 하시는데 도통 알아들을 수가 있어야지. 아이들은 내 앞에 둥그렇게 서서 저마다 "헬로" 하며 한마디씩 던진다. 눈이 마주치면 수줍어하면서 웃고, 어떤 아이는 아예 영어사전까지 가져와서 불쑥 내민다. 그때 한 아이가 입고 있는 옷에서 한글을 발견했다.

"이거 한국말이야!"

흥분해서 말했는데 과연 알아들었을지. 이제 가봐야 한다고 자리에서 일어

아마스야는 지금껏 여행했던 터키의 여느 곳보다 동양인에 대한 호기심이 더욱 왕성했고, 더욱 친절했다.

나 인사를 했다. 한 10미터쯤 갔을까? 혹시나 싶은 마음에 뒤를 돌아보니 아직도 사람들이 떠나는 나를 지켜보고 있었다. 다시 한 번 그들에게 손을 흔들며 길을 내려왔다.

터키에 와서 원치 않게 거의 빵 종류만 먹었기에 오늘은 고기에 도전하기로 했다. 역시나 레스토랑에서도 영어가 통하지 않았다. 'Acılı Adana'라고 적힌 메뉴가 맛있어 보여 무슨 고기인지 물어보는데 자꾸 "Yes"라고만 한다. 그때 앞 테이블에 앉은 여자가 다가와서, 이 요리는 소고기로 만든 건데 정말 맛있다며 적극 추천한다. 이윽고 음식이 나왔다. 근데 이거 무슨 냄새야? 고기에서는 '암내'가 진동했다. 결국 반도 먹지 못하

냄새가 꽤나 고약했던 '아즐르 아다나' 케밥

레템, 파이리와 함께

고 자리를 떴다. 세상에, 내가 고기를 다 남기다니…….

이만 오토갈로 돌아가서 쉬기로 결정했다. 오토갈에 도착한 나는 터키 사람들을 이리저리 구경하기 시작했다. 그런데 가만 보니 내가 사람들을 구경하는 건지, 아님 사람들이 나를 구경하는 건지 도통 알 수가 없다. 그때 저 멀리 야외 테이블에서 나를 부르는 소리가 들렸다. 남자 세 명이 앉아 있었다. 이들은 내게 음료수를 따라주고 견과류와 과자를 건넸다. 그렇게 만난 레템, 파이리, 무스타파와 또 터키어로 대화를 나누기 시작했다.

주변 사람들은 장난으로 자꾸 레템과 나를 엮기 시작했다. 나도 레템을 보며 '규젤(멋있어)'이라고 했다. 처음에는 사람들이 레템더러 날 따라 다음 행선지인 사프란볼루로 가라고 하더니, 급기야 같이 한국으로 들어가라고 한다. 레템은 당장 비행기 티켓을 발권할 기세였다. 하하하.

이들과 이야기하고 있는데 중간에 한 명씩 끼어들더니 한마디씩 툭툭 던진다. 부요른이란 사람이 오자 레템이 나더러 '톱 부요른'이라고 따라 하란다. 아

무엇도 모르고 '톱 부요른' 했더니, 사람들이 뒤집히고 난리가 난다.

어라? 이거 뭐지?

이번에는 시키지도 않았는데 사람들 반응을 한 번 보려고 '톱 레템' 했더니, 레템의 인상이 구겨지고 나머지는 다 웃어 젖힌다. 나중에 알고 보니 '톱'은 '게이, 호모'라는 뜻이었다.

"자난! '모토 무스타파' 해봐요."

"모토 레템."

역시나 나머지는 뒤집어지고 레템은 아주 그냥 울상이었다. 두 시간 가까이 이 사람들과 되지도 않는 터키어를 써가며 이야기를 했다. 참 신기한 게 굳이 바디랭귀지를 쓰지 않아도 눈치껏 알아듣게 된다는 거였다.

이윽고 사프란볼루로 가는 버스가 도착했다. 헤어질 때가 되자 레템은 처음엔 손등에 뽀뽀하더니 마지막엔 양 볼에 진짜 뽀뽀를 하는 게 아닌가! 윽, 이건 뭐 싫지도 않고 좋지도 않고. 레템이 계속해서 자기랑 결혼하자고 해서 결혼하겠다고 받아치자 자기 휴대폰을 꺼내서 손가락으로 뭔가를 열심히 꾹꾹 누른다. 그리고 액정화면을 내게 보여주는데, '사랑해'라는 뜻이란다. 하하하. 버스가 떠날 때까지 레템은 창밖에서 자리를 뜨지 않고 나를 배웅해주었다. 아, 훈훈한 날이다.

"나는 당신을 사랑합니다."

모양이 예쁜 터키 동전들

이왕 온 김에 흑해까지
Safranbolu, TURKEY

사프란볼루역에 도착하고 보니 새벽 5시가 겨우 넘은 이른 시간이었다. 이틀 연속 야간이동을 감행하는 바람에 정신도 없고, 피곤하고, 다리는 퉁퉁 부어 터져 나갈 것 같고, 뼈마디는 욱신욱신 쑤셔온다. 터미널에서 한참 기다리니 숙소 주인 할아버지께서 픽업하러 오셨다.

"메르하바!"

할아버지의 차를 타고 숙소로 이동하는데 점점 사람 없는 외진 길로 간다.

슬슬 공포가 밀려올 때쯤 말 없이 운전만 하시던 할아버지께서 입을 여신다.

"자, 여기가 사프란볼루입니다."

차를 타고 이동한 곳은 사프란볼루의 올드타운쯤 되는 차르쉬 마을이었다. 사프란볼루는 오스만제국 때 지어진 오래된 집들이 모여 있는 마을로, 1994년 유네스코 세계문화유산으로 지정되었다. 이곳의 지명은 고급 향신료, 염료로 알려진 사프란에서 유래했는데, 그 사프란 꽃이 이곳에서 군락을 이루어 자생했다고 하여 '사프란볼루'라 붙여졌단다. 숙소에 도착하자 오스만 양식의 목조 건물이 왠지 날 반기는 듯해 마음이 편해졌다.

흐드르륵 언덕은 차르쉬 마을을 한눈에 내려다볼 수 있는 최고의 명소. 그나저나 이름이 너무 귀엽다. 흐드르륵 언덕이라니! 카파도키아의 으흘랄라 계곡도 이름이 참 귀여웠는데. 언덕 입구에서 입장권을 끊은 뒤 안으로 들어

흐드르륵 언덕에서 내려다본 사프란볼루 올드타운

갔다. 아침 안개가 아직 채 걷히지 않은 터라 마을의 전경은 한껏 운치를 더하고 있었다. 점점 마음이 차분해지고 평온해져 온다.

언덕에서 좀 오래 있을까 했지만, 그늘도 없고 쉴 장소도 마땅치 않아 아래로 내려갔다. 좁은 골목길 사이로 아라스타 바자르(시장)가 들어서 있었다. 슬렁슬렁 물건들을 구경하는데 어느 로쿰(터키 전통 젤리)가게 주인아저씨께서 한번 맛보고 가라 하신다. 이미 오늘 아침 아마스야에서 사온 로쿰의 반을 거덜 냈는데 또 로쿰이라니……. 이제는 상상만 해도 달다 못해 쓰기까지 한데 말이다. 그래도 사프란볼루 로쿰이 워낙 유명하다고 하니 맛이나 한번 볼까? 그렇게 별 기대 없이 한입 베어 무는 순

이것이 바로 로쿰!

간, 눈이 번쩍했다. 이렇게 맛있는 로쿰은 처음이다, 처음이야! 그러나 속이 달달달해 미칠 지경이다. 위내시경 검사를 받으면 모여라 로쿰 동산이 펼쳐져 있을 것만 같다.

사프란볼루의 골목길을 거닐다 보니 피로가 풀리고 기분이 좋아진다. 이틀 연속 야간이동을 한 컨디션이라고 볼 수 없을 만큼. 사프란볼루는 조용한 데다 생각보다 규모도 훨씬 작아서 느긋하게 둘러봤는데도 2시간밖에 걸리지 않았다. 그런데 가만, 그동안 발칸반도와 터키를 여행하면서 흑해에 한 번도 가보지 못해 아쉬웠는데, 생각해보니 오늘이 그 아쉬움을 날려버릴 절호의 찬스잖아? 사프란볼루에서 조금만 더 위로 가면 흑해 연안의 도시 '아마스라'가 나오기 때문이다. 시간도 많이 남은 터라 바로 버스정류장으로 갔다. 크란쿄이(신시가지)로 가는 돌무쉬를 기다리는데, 한 할아버지께서 벤치에 앉아 계셨다.

"메르하바!"

"일본에서 왔나요?"

"아니요, 귀네 코레(남한)에서 왔어요."

"오호, 난 1950년에 한국전쟁에 참전했어요."

터키에 와서 자기가 아는 사람이 한국전쟁에 참여했다는 사람들 얘기는 몇 번 들었어도, 직접 참전했다는 사람을 만나긴 처음이었다. 할아버지께 "테셰퀼에데림, 테셰퀼에데림!" 하고 연거푸 고맙다고 꾸벅꾸벅 인사를 했다. 음료수라도 하나 사드리고 싶은데 아쉽게도 하필 라마단이다.

크란쿄이로 와서 바르튼행 돌무쉬 티켓을 샀다. 돌무쉬에 올라타자 비로소 이틀 연속 야간이동의 여파가 몰려온다. 졸면서 유리창에 쿵, 옆에 앉은 아주머니 어깨에도 쿵, 계속 이곳저곳을 쿵쿵하며 찍어댔다. 갑자기 아주머니께서 내 고개를 자신의 어깨 쪽으로 가져가더니, 기대어 편히 자라고 하신다.

"괜찮아요, 괜찮아요."

계속 거절하자 아주머니는 아예 내 손을 끌어다가 팔짱을 끼우시고는 어서 눈을 붙이라고 하신다. 아, 다정하고 따뜻한 터키 사람들! 내가 만약 같은 상황이 있었더라면 아주머니처럼 외국인에게 선뜻 어깨를 빌려줄 수 있었을까? 아마 엄두도 못 냈을 텐데. 그러기에 더욱 고마웠다.

덜커덩 덜커덩 신나게 달리던 돌무쉬는 한 휴게소 앞에 섰다. 깨고

한국전쟁에 참가하신 할아버지와 함께

흑해에서 해수욕을 즐기는 사람들

보니 옆의 아주머니는 벌써 내리셨는지 안 계셨다. 고맙다고 인사드리고 싶었는데……. 아쉬운 마음에 창밖을 멍하니 바라보고 있는데, 기사 아저씨가 뭘 하나 건넨다.

'이건 뭐지? 쿠션!'

하도 머리를 유리창에 쿵쿵 찍어댔더니 그 모습이 안쓰러웠는지 쿠션을 가져다주신 것이다. 유리창에 대고 편히 자라고 하신다. 아저씨, 고마워요!

버스는 다시 달려 바르튼에 정차하였고, 나는 아마스라로 가는 다른 돌무쉬에 갈아탔다. 갈아타고 나서도 쏟아지는 졸음을 어찌하지 못해 자고, 자고, 또 잤다. 30분쯤 달렸나? 사람들이 갑자기 우르르 내리기 시작한다.

"아마스라에 도착했나요?"

"네. 여기가 아마스라예요."

야호, 바다다! 돌무쉬에서 내리자마자 들뜬 마음으로 곧장 바다를 향해 달려갔다. 그러나 5초 뒤 드는 생각, '바다는 다 똑같은 바다'였다. 그렇지, 흑해라고 해서 특별히 다를 게 있으랴.

한참 물놀이 시즌이라 그런지 바닷가에서 해수욕을 즐기는 사람들이 많았다. 깨끗한 물속으로 풍덩 뛰어드는 사람들을 보고 있으니 나도 훌렁 벗어던지고 뛰어들고 싶은 생각이 들었다. 아마스라는 왠지 위에서 내려다보는 것이 예쁠 것 같아서 걸어 올라갈 만한 언덕을 찾아 나섰다.

한참을 오르자 웬 군사지역이 나타났다. 아니나 다를까 날 본 군인들이 여기저기서 '메르하바'를 외치고 난리가 아니다.

"메르하바!"

"어디서 왔어요?"

"규네 코레요."

"이름이 뭐예요?"

"자난."

으하하. 난 자난이다!

"자난! 촉 규젤(매우 예뻐)! 베리 뷰티풀!"

여기 와서 '촉 규젤' '베리 뷰티풀'을 하루라도 안 듣는 날이 없다. 한국에 있으면 아무도 거들떠보지 않는 찬밥 신세인데, 여기서 평생의 한을 풀고 가는구나! 터키에서 정녕 뼈를 묻어야 하나…….

이곳 날씨는 더운 것은 기본이요, 옵션으로 습도까지 높았다. 이미 온몸은 땀으로 범벅이 되었다. 팔을 가져다가 혀에 찍어 맛을 보니 으악, 퉤퉤! 왜 이렇게 짜! 한참을 헉헉대며 올라가자 호텔이 하나 보였다. 괜찮은 그림이 나올 만한 곳에 자리를 잡고 한 컷 한 컷 사진에 담고 있는데, 갑자기 드르륵 문이 열리며 한 아저씨가 문밖으로 나오신다.

"메르하바!"

너도 졸립냐? 나도 졸립다.

"메르하바!"

"!@##@$#$%#$%@#@#"

"?"

아저씨도 터키어로 역시 알아듣지 못할 얘기를 늘어놓으시다가 '마실 것 좀 줄까' 하는 제스처를 취하신다. 안으로 따라 들어가니 냉장고에서 시원한 사이다를 꺼내주신다.

"아저씨도 무슬림이세요?"

"네."

"라마단 기간이죠? 저 혼자 마셔서 정말 죄송해요."

"전혀요. 전혀요."

꿀꺽꿀꺽. 캬아! 시원해서 좋긴 한데, 아저씨가 계속 내가 사이다 마시는 모습을 뚫어지게 쳐다보신다. 너무나 부러운 듯이. 미안한 마음에 사이다를 마시다 말고, 열심히 바디랭귀지로 얘기를 나눴다.

사이다 아저씨네 집을 나와 다시 언덕을 향해 올라갔다. 그러나 아무리 사진을 찍어도 원하는 각도가 나오질 않는 것이다! 대체 멋진 풍경을 담으려면 어디로 가야 하는 거지? 여기도 아닌 것 같고, 저기도 아닌 것 같다. 포기하고 내려가야 하나. 시계를 보니 벌써 돌아갈 시간이다. 와서 바다 구경은커녕 산만 죽어라 타다 가는구나.

돌무쉬를 기다리다가 돈두르마(터키 전통 아이스크림)를 한 번 사 먹어 보기로 했다. 한입 먹는 순간, 우웩! 웬 가래침 같은 느낌?! 한 번 가래침 같다고 생각하니 그 뒤부터는 계속 역겨워진다. 정말이지 분노를 불러일으키는 맛이었다! (그래놓고 다 해치워버리는 이유는 뭐냐…….)

사프란볼루에 도착해 올드타운까지 돌무쉬를 타고 갈까 하다가 걸어서 가보기로 했다. 8시가 되자 여기저기 자미(모스크)에서 스피커를 통해 목소리가 흘러나온다. 아마 '지금부터 식사해도 좋습니다'라는 뜻인 것 같았다. 많은 사람들이 저마다 큰 빵을 사 들고 집으로 향하고 있었다. 여기저기서 접시와 포크가 부딪치는 소리가 들려온다.

쫀득쫀득한 식감의 터키 전통 아이스크림 '돈두르마'

이제 내일이면 마지막 도시인 이스탄불로 들어가는구나. 그날이 과연 오긴 올까 했는데, 바로 내일이라니. 기분이 참 묘한 밤이다.

이스탄불에서 '차' 서방 찾기
Istanbul, TURKEY

이스탄불행 버스에 몸을 실은 나는, 마지막 도시로 들어간다는 생각이 들자 기분이 이상했다. 오지 않을 것만 같은 순간이 결국 오고만 것. 옆자리에 앉은 젊은 여자는 5살쯤 돼 보이는 여자아이와 그보다 더 어린 남자아이를 데리고 탔다. 그런데 이 여자, 계속 눈물을 훔친다. 밖을 내다보니 어머니로 보이는 분이 버스를 향해 손을 흔들며 눈물을 훔치고 계셨다. 아마도 친정집에 왔다가 다시 이스탄불로 돌아가는 길 같았다. 생이별하는 모습을 바로 옆에서 보

니 내 눈에도 그렁그렁 눈물이 맺혀 온다. 소리 내어 울지도 못하고 조심스레 눈물을 훔치던 이 여성은 자신의 스카프에 눈물을 꾹꾹 눌러 찍는다. (코도 풀고 싶을 텐데.) 나는 가방에 있던 티슈를 꺼내 여자에게 건넸다. 이내 괜찮아졌는지 눈물을 멈춘다.

버스는 6시간 반 만에 이스탄불에 도착했다. 정확히 46일 만에 다시 돌아온 이스탄불. 여행 첫날, 거리에 넘쳐나던 수많은 차들, 낯선 생김새의 얼굴들, 온통 꼬부랑거리는 글씨들…… 익숙하지 않은 풍경을 둘러보며 마구 들떠 있던 내 모습이 스쳐 지나간다. 이스탄불은 그때와 다름없이 여전히 사람들로 북적대고 활기찼다.

술탄 아흐메트 광장에는 호객꾼이 정말 많았던 걸로 기억하는데 오늘따라 한 명도 보이지 않는다. 내심 어디선가 나타나 말을 걸어주었으면 하고 바랐으나 숙소에 도착할 때까지도 보이지 않았다. 체크인을 하고 배낭을 풀어 4일 뒤에 탈 비행기 티켓을 확인했다. 기분이 참 묘하다.

시간은 이미 저녁 6시를 넘겼기에, 오늘 밤 뭘 하면서 보내면 좋을까 궁리

하다 '자포'를 떠올렸다. 자포는 여행 첫날 갈라타 대교에서 만난 터키인. 다른 투르키쉬처럼 귀찮게 들러붙지도 않고 매너 있던 그가 기억에 남아 이스탄불에 오면 연락하려던 참이었다. 그의 전화번호와 페이스북을 알고는 있었지만, 일부러 알리지 않고 나타나 깜짝 놀라게 해주고 싶었다. 그래서 그가 일한다는 그랜드 바자르로 무작정 찾아갔다. 하지만 그곳에서 자포를 아는 사람은 발견할 수 없었다. 하긴 그랜드 바자르 규모도 굉장할뿐더러 거기서 일하는 사람들은 또 얼마나 많은가. 그야말로 '서울에서 김 서방 찾기'다. 그러나 '서울 김 서방 집도 찾아간다'는 말이 있듯이 나도 그를 찾기 위해 그랜드 바자르 내부를 샅샅이 뒤지기로 했다. 사람들에게 물어물어 자포의 해방을 찾았으나 그를 아는 사람은 만나지 못했다. 급기야는 페이스북을 보여주며 이 사람이 자포라고 알려주기까지 해봤지만, 혹시나가 역시나였다.

그런데 그때, 어떤 남자가 자포를 안다고 했다. 그가 말하기를, 자포는 그랜드 바자르에서 일하는 게 아니라 그랜드 바자르로 물건을 떼어다주는 일을 한다고 했다. 그러나 물건을 떼어다주는 일이라는 게 일정치 않아서 매일 오는 것은 아니라고. 오 마이 갓! 그럼 오늘 자포를 만나는 건 거의 불가능하겠네…….

그랜드 바자르에서 나오니 허무한 생각이 밀려들었다. 오늘 밤은 그냥 혼자 블루모스크 (술탄 아흐메트 모스크)에서 야경을 감상하면서 맥주나 들이키기로 했다.

마트에서 맥주와 안줏거리를 사서 블루모스크 앞으로 갔다. 그리고 눈앞에 보이는 벤치에 앉아서 맥주병을 따고 한 모금 마시는데 누군가 아는 체를 한다. 뒤를 돌아보니, 어? 이게 누구야? 자, 자포다!

세상에나, 이게 어떻게 된 일이지? 어쩜 이런 우연이 있을 수 있나! 그토록 애타게 자포를 찾으러 다녔지만 만나지 못해 포기했었는데! 오늘 날짜로 이스탄불 들어온다고 말한 적도 없는데 말이다. 자포는 대체 이렇게 사람이 많은 곳에서 날 어떻게 발견한 거지?

너무너무 신기했다. 정말 우연치고는 너무나 신기했다. 어떻게 이런 드라마 같은 일이 벌어질 수가 있나. 이렇게 넓은 이스탄불에서, 그것도 블루모스크 앞에서, 서로 아무 약속도 하지 않은 채로!

"자포, 나 여기 있는 거 어떻게 알았어요?"

"방금 먹을 거 사러 가는 중에 벤치에 앉아 있는 킴을 발견했어요."

정말 신기하다. 도무지 믿기지 않아!

"저기 보이는 내 친구가 오늘 킴을 봤대요."

"네? 친구 분이 절 알아요?"

"페이스북에서 사진을 보고 알았는데 오늘 베야짓에서 킴이 지나가는 걸 봤

대요."

　페이스북 사진을 보고 나를 기억하고 있었다던 자포의 친구도 신기했지만, 오늘 베야짓에서 오가는 걸 보고 그게 나인지 맞힌 것이 더 신기했다. 먹을 걸 사러 간다던 자포는 어느새 내가 앉은 벤치 옆에 앉았고, 우리는 계속 이야기를 나눴다. 마침 맥주에 곁들인 안주는 한 달 전 자포와 처음 만났을 때, 그가 내게 권했던 견과류였다.

　"어? 이거 한 달 전에 같이 먹었던 거네요."
　"네, 맞아요. 그때 이후로 처음 먹는 거예요."
　"이 견과류는 내가 제일 좋아하는 거예요."
　"맛있어요!"
　"맛있다고 하니 내일 많이 가져다줄게요."
　이따금 내가 터키어를 섞어서 쓰자 자포는 엄청 놀라워했다. 신기한지 계속 웃기도 하고. 하긴 한 달 반 전 처음 터키에 들어왔을 때 아는 말이라곤 고작

다시 만난 자포와 함께

'메르하바(안녕하세요)'뿐이었으니 과연 괄목할 만한 성장이라고 볼 수 있겠다. 하하하!

자리를 옮겨 자포의 형과 그의 여자친구, 또 다른 친구와 인사를 나눈 뒤, 자포와 나는 블루모스크 근처를 걷기로 하고 다시 일어섰다.

"킴, 내일 일정이 어떻게 돼요?"

"루멜리 히사르에 갔다가 오르타쾨이, 그리고 탁심을 돌아볼 예정이에요."

자포는 동행해주겠다고 했지만, 내일 루멜리 히사르부터 쭉 걷기만 할 예정이라 괜찮다고 했다. 대신 내일 저녁에 베야짓에서 만나 라마단 음식을 같이 먹고 남은 시간에는 탁심을 둘러보기로 했다. 자포와 한없이 이야기를 하다 보니 어느덧 시계는 밤 11시 45분을 가리킨다. 그는 결국 트램바이를 놓쳐버렸다.

"어떡해요? 집 여기서 멀잖아요."

돌마바흐체 궁전

"괜찮아요. 누나네 집에 가서 잘 거예요."
"누나 집은 가까워요?"
"사실 누나 집이 더 멀어요. 하핫."
미안했다. 그래도 그것에 전혀 아랑곳하지 않고 자포는 나에게 계속 맞춰준다. 다시 생각해도 어쩜 이런 우연이 있을 수 있는지!

다음 날, 자포를 만나기 위해 약속시간보다 더 일찍 베야짓으로 향했다.
"킴, 왜 이렇게 일찍 나왔어요?"
"숙소에서 쉬다가 특별히 할 일도 없고 해서 일찍 나왔어요."
"루멜리 히사르에는 잘 다녀왔나요?"
"세상에, 루멜리 히사르인지도 모르고 배에서 내리는 걸 놓쳤지 뭐예요. 결국 배 타고 종점까지 찍고 왔어요."

"허허허."

"그리고 오르타쾨이에서 술탄 아흐메트까지 걸어왔어요. 한 3시간쯤?"

"헉!"

베야짓 근처에는 이스탄불 대학이 있었다. 이스탄불 대학 앞에는 하얀색 천막이 크게 쳐져 있었고, 안에는 책들이 진열되어 있었다. 간이 서점이 들어서 있는 천막 안으로 들어가

오르타쾨이에 오면 꼭 한 번 맛봐야할 '쿰피르'. 큼직한 통감자에 여러 가지 재료가 토핑되어 둘이 먹어도 배가 든든하다.

니 코란이 눈에 띄었다. 코란을 이렇게 직접 보기는 처음이었다. 그런데 한눈에 봐도 터키어로 쓰이지 않은 것 같았다. 원문 그대로 아랍어였다. 음, 좋은 말이군. 좋은 말이겠지? 조, 좋은 말일 거야……. 온통 꼬부랑 글씨에 외계어로만 보이는 이 코란을 보자 이내 정신이 혼미해지는 것 같았다.

나는 그동안 터키를 여행하면서 궁금했던 점들을 자포에게 이것저것 물어보았다.

"모스크에서 흘러나오는 방송이요. 그거 녹음된 게 아니라 사람이 직접 부른다던데 정말이에요?"

"맞아요."

"방송 내용이 뭔가요? 코란 읊는 거예요?"

"네, 코란이에요."

"터키 말 아니죠?"

"네. 아랍어예요."

우리는 서점을 나와서 근처 레스토랑을 둘러보았다. 한쪽에서 우리를 불러

알고 보니 이곳이 '루멜리 히사르'였다.

세우더니 쿠주(양고기)케밥을 시식해보라고 한다. 양고기 냄새가 역하다는 말을 들어서 궁금했었는데 생각보다 맛이 괜찮았다. 그런데 자포도 같이 음식 맛을 본다. 어, 아직 라마단 기간인데 자포도 먹을 수 있는 건가?

"자포, 아직 해 지기 전인데 먹어도 돼요?"

"하하하. 제가 하는 일이 굉장히 힘들거든요. 사실은 아까 낮에도 식사했어요."

라마단이라 새벽 4시부터 저녁 8시까지 다들 철저히 금식하는 줄 알았는데! 자포의 말에 의하면 모든 사람이 라마단 관습을 지키지는 않는다고 한다. 건강에 이상이 있거나 병이 있어 의사 처방을 받아야 하는 사람은 제외될 수 있고, 또 힘쓰는 일을 직업으로 삼는 사람들도 예외가 된다고 했다.

우리는 라마단 기간 동안 무료 급식을 나눠주는 라마단 음식(라마잔 예멕 혹은 이프타르)을 먹어보기로 했다. 라마단 음식을 꼭 먹어보고 싶었는데 이스탄

불에 와서 드디어 먹게 되다니! 너무나 감격스러웠다. 사람이 바글바글한 이곳에서 장구를 치며 '둥당기 타령'을 한 곡조 뽑으라고 해도 할 수 있을 것 같았다.

"근데 나 같은 외국인도 라마잔 예멕 먹어도 되는 거예요?"

"그럼요. 전혀 문제없어요."

누군가가 따므르(금식을 깰 때 먹는 대추야자)를 나눠주기에 맛보고 있는데 자포는 이 음식이 한국에도 있냐고 물었다. 그럼요, 한국에도 있습니다. 자포 씨! 나는 한국에도 터키 음식이 있다는 것을 알려주고 싶었다.

"자포, 서울에 이태원이란 곳이 있는데 케밥 파는 곳이 몇 군데 있어요."

"정말요? 케밥이 한국에도 있어요?"

"네. 모스크도 있는 걸요."

"모스크까지? 와우."

신기해하는 자포를 보자 갑자기 예전에 방송에서 봤던 한국인 이슬람교도

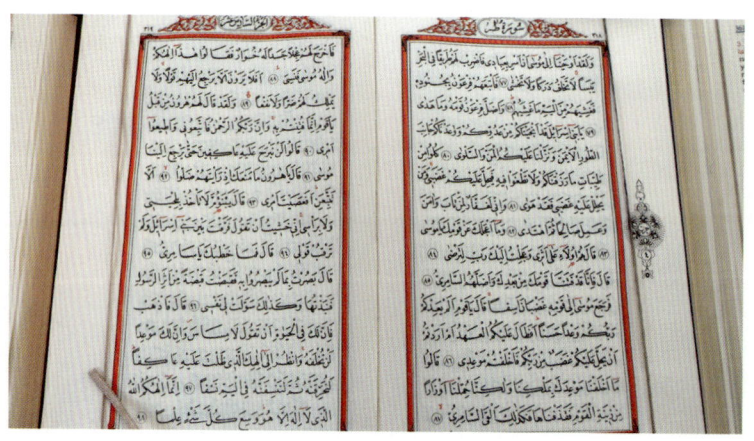

코란

들이 생각났다.

"한국은 불교신자나 기독교인이 많지만 무슬림도 소수 있어요."

"무슬림까지 있군요!"

우리는 30분 정도 줄을 서서 기다리다가 안으로 들어갈 수 있었다. 음식을 배급받는 곳 앞에 들어서자 또 한 번 감격이 밀려왔다. 이런 특별한 경험을 하게 되다니! 텐트 안에는 사람들이 꽉 들어차 있었다. 어디로 갈까 두리번거리자 한 아주머니께서 자기 쪽으로 오라며 손짓하신다. 동양인이 천막 안에 들어와서 식판을 받아들고 있으니 또 사람들의 시선이 집중된다. 주위를 아무리 둘러봐도 외국인이라고는 나 혼자뿐이다.

자리에 앉아 한입 하려는데, 어머나 세상에 '밥'이 있다. 얼마만이야, 이게! 어찌나 반갑던지. 나는 밥을 가리키며 말했다.

"이거 말예요."

라마단 음식을 먹기 위해 줄을 서 있는 사람들

"필라프요?"

"네, 필라프. 이건 한국에서 매 끼니마다 주식으로 먹는 거예요."

"정말? 매 끼니마다요?"

"마치 터키의 예크멕(빵)처럼 말이죠."

우리나라 사람들이 매끼 밥으로 식사한다고 하자 자포는 매우 놀란 눈치였다. 식사를 마치고 나와 어디로 이동할지 얘기하다가 탁심에 가보기로 했다. 제톤을 사려고 하자 자포는 그럴 필요 없다고 말한다. 친절한 자포 씨는 내 몫까지 악빌(이스탄불 교통카드)로 꾹꾹 찍는다.

탁심에 들어선 순간 꼭 명동에 온 것 같은 느낌이 들었다.

"이 거리 이름은 이스티클랄인데요, 이스탄불에서 아니, 터키에서 가장 유명한 거리예요."

라마단 음식. 배급하는 텐트마다 메뉴가 조금씩 다르다.

이스탄불의 명동 거리 '탁심'

"터키에서요?"

"네. 이스탄불 내에서도 가장 사람이 많지만, 터키 전체를 놓고 봐도 그래요. 원래는 사람들이 굉장히 많아서 발 디딜 틈이 없는데, 지금은 라마단 기간이라 사람이 적네요."

나자르본쥬. 일반적으로 알려진 '눈' 모양이 아닌 물고기 모양의 귀여운 휴대폰 고리

길을 가던 그가 갑자기 액세서리 가판대 앞에 멈춰 선다.

"킴, 액세서리 좋아해요?"

액세서리 좋아하지 않는 사람이 어디 있을까마는 자포가 내게 또 뭘 사주려고 해서 거절하기 바빴다. 자포는 계속 내게 뭘 해주는데 나는 아무것도 해줄 게 없어서 정말 미안했다. 그러나 플리즈를 연속해서 외치는 자포. 그렇게 해서 나자르본쥬(악마의 눈이라 불리는 행운의 부적)가 달린 휴대폰 고리를 골랐다. 정말 고마워요, 자포!

내일이면 이제 하루밖에 남지 않게 되겠구나. 하아, 가는 시간을 붙잡고 싶다.

또 봐요, 모두들!
Istanbul, TURKEY

아, 찾았다!

    그동안 가방 깊숙이 처박아두었던 지도를 꺼내 들었다. 어디를 갈까 하고 열심히 눈으로 훑는데 피에르로띠가 눈에 띄었다. 지도에서 확인해 봐도 꽤나 먼 거리. 바로 가는 버스가 있었지만, 나는 술탄 아흐메트에서 그곳까지 걸어가기로 했다. 버스가 빠르고 편해서 좋을지라도, 거리 분위기를 느끼기에는 역시 걷는 게 최고니까!

피에르로띠 언덕에서 내려다보이는 골든 혼(Golden Horn)

술탄 아흐메트에서부터 에미뇨뉴까지는 항상 오가던 길이라 이제는 내 집처럼 편하다. 골든 혼을 따라 에미뇨뉴에서부터 쭉 위로 걸어 올라갔다. 주요 관광지에서 약간 벗어났을 뿐인데도 관광객들은 거의 보이지 않는다. 저 앞에는 아타튀르크 대교가 시원하게 뻗어 있다. 매번 보던 갈라타 대교가 아닌 아타튀르크 대교를 보니 느낌도 약간 색다른걸.

골든 혼 대교가 보이는 곳으로 들어서는데 입 밖으로 '헉' 소리를 내고 말았다. 너무 멋진 나머지 감탄사가 입안에서 터져 나온 것이다. 다 똑같은 바다인데 유독 이곳과 마주했을 때엔 어찌나 가슴이 두근두근대던지! 바다 물결을 따라 시선을 쫓다가 이내 발걸음을 옮겨 보기로 했다. 자, 또 걸어가볼까?

피에르로띠로 가는 길에는 양쪽에는 공동묘지가 빡빡하게 들어서 있었다. 낮

피에르로띠에서 내려다본 풍경

이라 생각보단 으스스하지 않았지만, 야밤에 왔더라면 식은땀을 줄줄 흘려가며 올라갔겠구나 싶었다.

   피에르로띠 언덕에 도착해서 풍경을 바라다보았다. 저 멀리 높낮이가 다른 언덕을 따라 각양각색의 건물들이 물결을 이루고 있었고, 바로 밑에는 강인 듯 착각을 일으키게 하는 골든 혼이 물살을 흘려보내고 있었다. 역시 어디를 가건 위에서 내려다보는 광경을 놓쳐서는 안 되는 것 같다. 한참을 서서 구경하다가 카페에 들어가기도 뭣하고 마땅히 쉴 만한 곳도 없고 해서 다시 걸어 내려왔다.

   터키쉬 딜라이트(터키 디저트)에는 '바클라바'라는 것이 있다. 혀와 손과 발이 오그라들 정도로 달디단 디저트이다. 친언니가 3년 전 터키에 다녀왔을 때 바클라바와 로쿰을 한 보따리 사왔었는데, 그때는 바클라바가 너무 달아서 쳐다보지도 않았다. 그런데 엊그제 술탄 아흐메트 거리를 걷고 있는데 터키쉬 딜라이트를 파는 가게에서 어떤 아저씨가 나더러 맛 좀 보라며 바클라바 하나를 건넸다. 세상에! 입안에 착착 감기는 것이, 3년 전에 먹었던 그것과는 비교가 되지 않을 정

터키쉬 딜라이트 '바클라바'

도로 무척 맛있었다. 일정이 어찌될지 몰라 나중에 다시 오겠다고 빈말을 했었는데 신기하게도 아저씨들이 나를 기억하고 있었다. 바클라바 몇 개를 집어 이것저것 담고 자리에 앉았다. 남들은 한 개 먹어도 힘들다는 것을, 네 개를 연달아 폭풍처럼 입안에 쓸어 담았다. 아아, 이대로 죽어도 여한이 없을 것 같다.

이제 이곳에서의 마지막 일몰을 보러 배를 타고 아시아 지역의 참르자로 건너갈 생각이다. 배는 물살을 쏴쏴 가르며 참 빠르게도 간다. 바닷바람을 즐길 여유도 없이 어느새 아시아 지역의 위스크다르에 도착했다. 방금 이 배로 유럽에서 아시아로 넘어왔다고 생각하니 기분이 묘했다. 그러고 보니 여태 터키에서 머물렀던 아마스야, 카파도키아, 사프란볼루 모두 아시아였네!

참르자로 가기 위해 버스를 타러 줄을 섰다. 한 젊은 여성에게 이 버스가 참르자로 가는 버스가 맞냐고 물었으나 안타깝게도 그녀와는 영어가 통하지 않았다. 어찌어찌 얘기하다가 참르자에 간다는 대답을 듣게 되었고, 버스에 올라탔는데 갑자기 내 버스비를 내주겠다며 가만있으라고 한다.

"괜찮아요, 괜찮아요."

"아니에요, 가만있어요. 내가 낼게요."

그녀는 악빌로 두 번 꾹꾹 눌러대더니 내 몫까지 내준다. 이 여자의 이름은 오슬렘. 버스에 나란히 앉아 그녀와 아는 터키어를 총동원해 이야기를 나눴다. 하지만 순간순간 정적이 흘렀고, 대화를 이어나가고 싶었으나 언어가 통하지 않아 답답했다. 그런데 그녀가 어디론가 전화를 걸더니 갑자기 나를 바꿔준다.

"여보세요. 참르자 가신다구요?"

전화 속의 여성은 오슬렘의 동생이었다. 동생이 영어를 할 줄 알아 전화를 걸어 나를 바꿔준 것이다. 이런 친절한 투르키쉬들 같으니라고! 전화를 끊고 난 오슬렘은 괜찮다면 참르자에 같이 가줄까 한다. 식사 준비를 해야 하기 때문에 길게는 힘들지만 잠깐 가능하다고 덧붙이며. 그녀와 난 종점에 내린 뒤 함께 참르자 언덕 꼭대기까지 걸어 올라갔다.

오슬렘과 함께

'참르자'가 무슨 뜻인지 궁금해 그녀에게 묻자, 또 자기 동생에게 전화를 걸려고 한다.

"아니에요. 괜찮아요."

어떻게 해서든 내 궁금증을 풀어주려고 노력하던 오슬렘. 이번에는 망원경 앞에 떡 서더니 1리라를 넣고는 나더러 어서 보라고 한다. 고마워요, 오슬렘!

오슬렘과 헤어지고 참르자를 둘러보다가 일몰과 야경을 보러 바닷가에 가기로 했다. 버스 정류장으로 내려와서 벤치에 앉아 있는 남성에게 첸젤교이 가는 버스를 물었다. 그 남성은 여기서 기다리면 된다고 말하더니 버스가 도착하자 내 버스비까지 내준다. 계속 내가 내겠다고 해도 얼른 들어가서 자리에 앉으라고 성화다. 오늘 무슨 날인가? 마주치는 사람마다 전부 버스비를 내준다고 하니 말이다! 내 옆자리에 앉아 터키어로 말을 거는데 알아먹을 수 있어야지. 나는 계속 "안라마듬(모르겠어요)"만 외쳐댔다.

이스탄불 아시아 지구의 '위스크다르'

곧이어 이번 여행에서의 마지막 일몰이 시작됐다. 나는 항구에 앉아 바닷바람을 맞아가며 지나온 추억을 떠올렸다. 나란 여자, 가끔은 감상에 젖을 줄도 아는 여자. 여행 중 만났던 사람들의 얼굴을 하나씩 떠올리며 그들과 함께했던 행복한 추억들에 미소를 지어볼까 했으나, 감상은커녕 앞에 앉은 꼬마 진짜 말 안 듣게 생겼네, 저 아저씨는 가발 벗겨지게 생겼네, 옆에 보이는 저 여자는 배가 나왔네 하며 허튼 생각만 잔뜩 했다. 하아, 내가 그렇지 뭐.

허공에 걸려 있던 해는 점점 내려와 보스포러스 대교 위에 걸치더니 이내 대교 밑으로 자취를 감추어버렸다. 해가 다 저물자 보스포러스 대교에 하나둘 불빛이 켜지기 시작한다.

술탄 아흐메트 광장으로 다시 자포를 만나러 나갔다. 우리는 첫날 블루모스크 벤치에서 우연히 만났던 그 장소에서 다시 만났고, 바로 밥을 먹으러 갔다. 그

보스포러스 대교 아래로 지고 있는 태양

동안 먹어봐야지 하고 벼르고 있었던 미디예 돌마(홍합밥)를 파는 식당을 드디어 발견했다.

미디예 돌마를 좋아한다던 자포에게 같이 먹자고 권했으나, 그는 배가 무척 부르다며 손으로 배를 통통 튕긴다. 나는 음식을 하나 집자마자 빛의 속도로 금세 후딱 해치워버렸다. 과연 이런 생명체가 지구상에 존재하는지 자기 눈을 의심하는 듯 놀란 눈빛으로 자포는 나를 보며 또 물었다.

"미디예 돌마 더 먹을래요?"

"괜찮아요."

"더 먹어요."

"음, 그럼 미디예 돌마 말고 미디예 타바(홍합튀김)?"

그동안 참아왔던 식탐을 드러내며 음식을 주문하고는 안 먹겠다는 자포에게 재차 권유도 하지 않고, 또 혼자 다 먹어버렸다. 마치 푸드파이터가 된 느껌이었다. 식사를 마치자 자포가 얼른 가서 계산을 해버린다. 손님인 내게 대접을 해야 한다는 생각 때문인지 그동안 한 번 빼고 모두 자포가 샀었다. 이제는 고마움보다 미안함이 더 크다. 자포를 만날 때마다 얻어먹는 것 같아서. 이스탄불 일정이 4일이라 망정이지 만약 한 달이었으면 자포는 살림이 거덜 났을지도 모른다.

다시 블루모스크로 왔다. 이제는 이곳도 거의 안방이나 다름없다. 매일 지나치는 곳이기도 하지만 매일 이 벤치에 앉아 있었으니 말이다. 역시나 사람들로 가득가득 넘쳐난다. 마침 차이를 파는 사람을 발견해 두 잔을 주문했다.

"차이를 하루에 평균 몇 잔 마시나요, 자포?"

"8잔에서 10잔?"

헉! 터키 사람들은 정말 차이를 좋아하는 것 같다. 언제 어디서나 그들이 차이를 마시는 풍경을 볼 수 있으니까. 이윽고 차이 두 잔이 나왔다. 이 차이가 터키에서의 마지막 차이가 될지 모른다는 생각이 들자 목으로 쉽게 넘어가지 않는다. (사실은 뜨, 뜨거워서 마실 수가…….)

"이제 가봐야 할 것 같아요."

01 홍합 껍데기에 갖은 양념을 버무린 밥을 얹어 놓은 '미디예 돌마'
02 홍합살을 그대로 튀긴 '미디예 타바'

"만나서 즐거웠어요."

"자포, 너무나 고마워요."

"규루슈루스(또 봐요)."

자포, 이스탄불에서 함께한 멋진 추억들, 그리고 내게 베푼 친절…… 절대 잊지 않을게요.

갑자기 울컥하는 기분이 들었다. 마지막 밤이 오고야 말았다는 생각에 아쉬움이 밀려든다. 50일 여행이 끝나지 않을 것만 같았는데……. 내일 아침 눈을 뜨면 이제 한국으로 돌아가야 하는구나. 믿기질 않는다. 아직도 버스나 기차를 타고 다음 목적지로 이동해야 할 것만 같은데……. 내일 공항에 들어설 땐 과연 어떤 기분일까? 한국 땅을 다시 디딜 때 느낌은?

잠들기가 마냥 아쉽기만 하다.

공항에서 비트박스를
Istanbul, TURKEY

새벽에 숙소 현관 밖 소파에 앉아 글과 사진을 정리하고 있을 때 멀쩡하게 생긴 남자가 다가왔다. 묻지도 않았는데 뜬금없이 자기는 의대생이고 의사가 될 거라는 궤변을 늘어놓는다. 호텔에 머무는 데 하룻밤 20유로라는 말과 함께.

"그래서 지금 제게 돈을 구걸하는 거예요?"

못 알아들은 건지 아니면 말을 돌리려는 건지 '의대생, 의사, 호텔, 20유로' 만 되풀이한다. 그는 자연스레 소파로 다가와 앉았고, 그와 동시에 나는 앉아 있던 소파에서 일어났다. 그는 나더러 자꾸 소파에 다시 앉으라고 했다. 때마침 호스텔에서 스탭 샤이힌이 나왔다. 평소 굉장히 다정다감하고 잘 웃던 샤이힌. 그 남자를 보더니 갑자기 굳은 목소리로 화를 낸다. 그 의대생은 사라지고, 왠지 느낌이 꺼림칙해서 숙소 안으로 들어왔다. 그리고 샤이힌이 내게 하는 말.

"자난, 정말 운이 좋았어요."

알고 보니 그는 강도였던 것이다. 하마터면 내 돈이며 소지품을 빼앗겼을 거라고.

새벽 늦게까지 글과 사진을 정리하느라 잠을 거의 자지 못했다. 한 1시간쯤 잤나? 떠난다는 아쉬움에 뜬눈으로 밤을 지새울까 하다가 6시가 좀 넘어서 일어났다. 이른 아침 마르마리스 바다를 꼭 보고 싶었기 때문이다. 인적 드물고 고요한 곳에서 지나온 여정을 되돌아보고 싶었다.

아침 일찍 길을 나섰다. 매번 북적거리던 모습만 보다가 한산한 거리를 보니 내 마음도 덩달아 차분해진다. 이윽고 바다에 도착해 눈앞에 보이는 벤치에 앉았다. '이제 생각 정리를 해볼까······' 하는 마음도 잠시. 또 혼자 설정 사진 찍기에 바빴다. 나름 잘 나온 것 같아 흡족해하는 내 자신을 보니 귀국하면 꼭 정신과부터 먼저 들러야겠다는 다짐을 하고, 또 하게 된다.

마지막으로 들른 곳은 바로 블루모스크. 이스탄불에 머무는 내내 항상 그 앞을 지나쳤기 때문에 너무나 익숙해져 버린 곳이지만, 정작 내부에는 한 번도 들어가보지 못했다. 그리고 보니 아야소피아 성당, 지하저수지, 톱카프 궁전, 돌마바흐체 궁전 등 이스탄불의 유명 유적지에 한 군데도 가지 않은 걸 이제야 알아차렸다! 허허허.

블루모스크(술탄 아흐메트 모스크)

아침 일찍, 그것도 입장 시간 전에 도착해서 그런지 관광객은 나를 포함해 단 세 명뿐이었다. 입구에 들어서니 관리인이 갑자기 내게 보자기 천을 하나 건넨다. 응? 이걸 왜 주지? 지금 날 보쌈해버리겠다는 건가? 또다시 망상이 시작되는 순간, 내가 핫팬츠 차림인 것을 깨달았다. 모스크에 들어가려면 여자는 맨살이 드러나는 곳을 가려야 하는데, 그만 깜박 잊고 있었던 것이다.

맨발로 카펫을 밟으니 폭신폭신한 게 감촉이 매우 좋았다. 이곳에 오랫동안 앉아서 기도하는 사람들을 구경하고 싶었지만, 시간이 부족했다. 어쩔 수 없이 아쉬운 마음을 뒤로한 채 밖으로 나와야 했다. 이제 정말 이스탄불을 떠나야 한다.

"잘 가요, 자난!"

블루모스크 사원 내부

"잘 있어요. 규루슈루스."

사람들과 작별 인사를 한 뒤 공항으로 가는 메트로에 탔다. 내 짐은 뭐가 이렇게 어수선한지, 더군다나 다리 사이에 끼워 넣은 배낭은 자꾸 앞으로 쏟아지려했다. 아까부터 자꾸 눈이 마주치던 맞은편 남성이 내 배낭을 손으로 고정해준다. 고마운 마음에 눈인사를 하고 가볍게 이야기를 나누기 시작했다. 그러나 짧게 끝날 줄 알았던 대화가 출국 도장 찍는 곳 앞까지 이어질 줄이야!

자신을 드러머라 소개하는 엔긴. 그런데 그냥 드러머가 아니라 굉장히 유명한 드러머 같았다. 처음 들어보는 외국 가수들 이름을 대며 다 자기가 드럼과 비트를 넣어줬다고 한다.

"저 타르칸(터키의 국민가수) 알아요."

"타르칸을 안다구요? 타르칸도 제가 해줬어요!"

헉, 이런 대단한 사람을 여기서 보게 되다니!

그나저나 출발할 때는 충분히 시간 맞춰 나왔다고 생각했는데 막상 공항 메트로역에 도착하고 보니 시간이 많이 촉박할 것 같았다.

"엔긴, 미안해요. 제가 시간이 별로 없어요."

나는 뛸 준비를 하고 그와 헤어지려던 참이었다.

"비행기가 언제 뜨는데요?"

"12시 55분이요."

"에이, 그럼 촉박한 시간은 아니에요."

그는 공항에 친구를 마중 나가는 길이라고 했다. 그리고 내 비행기 시간까지 같이 있어주겠다고 한다. 오우, 노! 안 돼! 나는 빨리 뛰어가야 하는데 자꾸 엔긴은 옆에서 느긋하게 행동하니 속이 터질 지경이었다.

"미안해요, 정말 저 시간이 없어요."

"괜찮아요, 노 프라블럼!"

엔긴과 같이 있으니까 덩달아 행동이 느려지고, 이러다 비행기를 놓칠 것만 같았다. 그래서 헤어지자는 말을 돌려서 '시간이 없다'고 몇 번씩이나 말을 했다. 그러나 그럴 때마다 '노 프라블럼'이라는 엔긴. 진짜 속 터지겠네!

초조해하는 나를 보며 그가 한마디 던진다.

"릴랙스하세요. 터키에는 이런 말이 있어요. 조급하거나 서두르면 악마가 따라온다구요."

그 말을 듣자마자 거짓말처럼 조급함이 수그러들었다. (실은 악마가 배낭에 찰싹 붙어 한국까지 쫓아올까 봐 겁났다는……) 결국 그는 여권 검사하는 곳까지 나와 동행하게 됐다. 줄을 서 있는데 그가 갑

자기 내게 드럼의 각종 비트에 대해 설명하더니, 사람이 바글바글한 공항에서 나를 향해 비트박스를 넣기 시작한다.

"뿜! 뿜! 치키치키 따다다다 뿜지키!"
"띵따다 뚱따다 끼링끼링 뿌라웅웅 쑹쾅떼게 쑤웅 틱! 탁!"
"움쑤루루 삐쑈킹킹 콰리우리 추 톡택택!"

나는 그의 모습을 얼어붙은 채 보고만 있었다. 어느새 주위의 수십 명 되는 사람들이 엔긴을 쳐다보고 있었다. 진짜 터키에서 별의 별 사람을 다 만나는구나. 앞에 있던 줄이 다 빠지고 내 차례가 되자 그때서야 엔긴은 떠날 채비를 한다.

"고마웠어요. 엔긴."
"잊지 마요! 나 한국에 가면 킴도 그렇게 해줄 거죠?"
"당연하죠!"

터키 국기 모양으로 꾸며놓은 화단

출국 도장을 받은 후 내가 탈 비행기 게이트를 향해 빠른 걸음으로 걸어갔다. 다행히도 비행기 출발 10분 전이었다. 휴우. 이렇게 늦지 않게 도착하고 보니 그에게 어찌나 미안한 마음이 들던지. 아까는 여유가 없어서 그의 호의가 부담스럽고 빨리 떼어내고 싶었지만, 지금 생각하니 얼마나 고마운지 모르겠다. 불안해하는 나를 안심시키려고 계속 릴랙스하라는 말을 아끼지 않았던 엔긴. 그럼에도 여전히 조급해하는 나를 보자 공항 한복판에서 비트박스까지 넣어준 사람. 우습고 코미디 같지만 뒤돌아서 생각하니 정말 감동이다.

한국에서 떠날 때 러시아 항공인 아에로플로트를 타고 왔기 때문에 이스탄불에서 모스크바로, 모스크바에서 인천으로 들어가야 한다. 역시나 비행기를 타

이른 아침, 사람 한 명 없는 아라스타 바자르

자마자 바로 곯아떨어져 착륙하는 순간까지 졸다 깨다를 무한 반복했다. 모스크바공항에서 4시간 30분을 대기한 후 다시 8시간을 날아 인천공항에 도착했다. 하아, 이제 진짜 여행이 끝났구나.

 50일간의 여행을 아무 탈 없이 무사히 마쳐서 다행이다. 좋은 사람들을 너무나 많이 만났고 멋진 추억들을 너무나 많이 쌓았다. 이 자리를 빌려 여행에서 만난 모든 소중한 인연들에게 진심 어린 감사의 인사를 전한다. 하나 걱정되는 것이 있다면 앞으로 다가올 여행 후유증에 관한 것. 하지만 그 후유증 역시 다음 여행을 기약하는 설렘이 되기를!

에필로그

낯선 곳으로 혼자 여행해보고 싶다는 소박한 꿈을 안고 저 멀리 지구 반대편으로 날아갔던 날, 나는 혼자서 모든 것을 해나가고 개척할 줄로만 알았다. 그러나 이것은 크나큰 착각이었다.

혼자 떠났지만 나는 늘 혼자가 아니었다. 도움이 필요할 때면 기다리고 있었다는 듯이 나타나는 사람들, 힘들고 지칠 때면 따스한 위로를 건네주던 사람들, 짓궂은 장난도 스스럼없이 유쾌하게 나누던 사람들, 마치 오랜 친구처럼 편안하게 느껴지던 사람들…. 그래서인지 50일간 여행하면서 단 한 번도 집이 그립다거나 가족이나 친구들이 보고 싶다거나 하지 않았다.

이전에는, 여행이란 새로운 곳을 구경하고, 유명한 곳에 찾아가고, 그곳에 발 도장을 찍는 것이 전부인 줄 알았다. 그러나 이번 여행은 기존에 내가 갖고 있던 가치관을 송두리째 바꿔놓았다. 여행이란, 사람과 함께 하고 사람에 감사할 줄 알며, 그들과 추억의 한 페이지를 새기고 이별에 아쉬워하는…… 그리고 언젠가 다시 만날 날을 약속하는 것이었다.

나는 다시 일상생활로 돌아왔다. 발칸, 터키 여행은 여기서 끝나지만 내 여행은 끝나지 않았다. 다음에는 또 어디로 떠날지, 또 어떤 친구들과 추억을 만들어갈지……. 또 다른 소중한 만남을 꿈꿔본다.

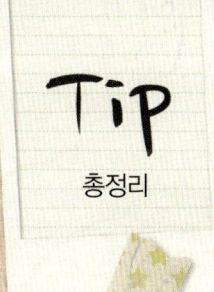

Tip
총정리

1. 떠나기 전에 잠깐!
2. 이것만큼은 꼭!
3. 한층 더 즐거운 여행을 만들려면
4. 이럴 땐 어떡하나요?

1 떠나기 전에 잠깐!

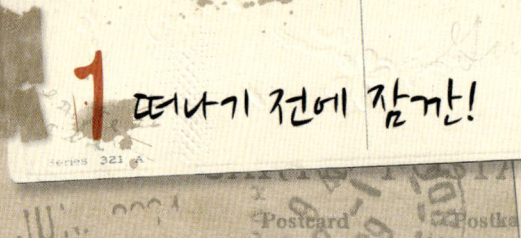

혼자 떠나라

둘 혹은 그 이상이 가게 되면 일행과만 놀게 되지만, **혼자 떠나면 모든 사람과 친구가 된다**. 'We are the World' 아닌가! 여행객이란 공통분모가 있기 때문에 누구나 쉽게 친해질 수 있다. 혼자가면 무서울 것 같다고? 외로울 것 같다고? 전혀 아니다. 오히려 그 반대! 일단 떠나보고 말할 것.

페이스북만큼은 꼭 만들어 가라

여행하면서 만나는 외국 친구들과 꾸준히 연락할 수 있는 방법! 바로 페이스북 http://www.facebook.com 이다. 외국 친구들을 사귀게 되면 꼭 물어오는 게 페이스북 주소다. 우리나라는 싸이월드가 활성화되어 있지만, 외국은 페이스북이 대세이니, 아직 계정이 없는 사람은 꼭 하나 만들 것을 추천한다. 페이스북을 가지고 있지 않은 친구는 거의 보지 못했으니까.

사전에 준비를 너무 철저히 하지 마라

모험을 즐기는 사람이라면 사전에 준비를 너무 열심히 하지 마라. 준비하는 만큼 실수는 줄겠지만, **재미있는 에피소드도 그만큼 줄게 된다**. 그렇다고 기본적인 정보나 필수 사항까지 준비하지 않는 것은 곤란하다. '너무' 열심히 하지 말라는 것이지 준비를 하지 말라는 뜻은 아니니까. 반대로 안정적인 여행을 추구하는 분이라면 꼼꼼히 준비할 것.

사진을 절대 많이 찾아보지 마라

누구나 가고 싶은 곳이 궁금하고 빨리 두 눈으로 확인하고 싶을 것이다. 그러나 꼭 지켜야할 수칙! 사진을 절대 많이 찾아보지 마라. 막상 가서 마주하는 순간 감흥이 반감된다. 여행지에 도착해 '어라? 인터넷에서 보던 거랑 똑같네?'라고 중얼거리는 본인을 발견하게 될지도. 대충 **어떤 곳인지 머릿속으로만 살짝 그려질 정도**가 좋다.

현지어를 미리 알아 가라

영어는 같은 여행객과 소통 시 유용하지만, 현지인들과는 장벽이 될 수도 있다. 현지어라고 해서 거창한 걸 말하는 게 아니다. **간단한 인사말 정도만 준비해가면 된다.** '안녕하세요' '고맙습니다' '미안합니다' 정도만 알아가도 상대방은 매우 반가워할 것이다. 아마 자다가 떡이 생길지도. 간단한 일상 회화까지 구사할 줄 안다면 당신은 위너!

조그마한 선물을 준비해가라

여행 중에는 고마운 사람들을 종종 만나게 된다. 마음으로 표현하는 것도 좋지만 때로는 물질적(?)인 것으로 표현하고 싶을 때도 많다. 그럴 땐 미리 선물을 준비해가면 좋다. **비싼 선물은 상대방도 그렇고 내 자신도 부담스러우니 가벼운 걸로 준비할 것.** 이를테면 한국 동전이나 천 원짜리 지폐, 커피믹스, 한글이 적힌 책갈피 등등.

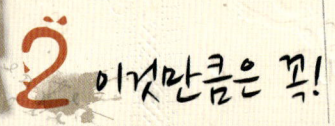

이것만큼은 꼭!

외국 친구를 사귀고 싶다면 호스텔로 가라

좋은 시설에서 편하게 자고 싶으면 호텔로 가고, 한국 음식이 그립다면 민박으로 가라. 그러나 그곳에서는 외국 친구들을 쉽게 사귀지 못한다. **다양한 나라에서 여행 온 친구들을 만나고 싶다면 꼭 호스텔에서 머물 것.** 영어에 약해서 두렵다고? 그래도 무조건 호스텔로 가보자. 영어를 못한다고 해서 아무도 사귀지 못하는 것은 아니니까!

가장 중요한 것은 오픈 마인드다

영어보다 더 중요한 것은 자신감, 적극성, 그리고 오픈 마인드다. 충분히 나와 좋은 인연을 만들 수 있음에도 지나치게 경계하고 소극적으로 행동한다면 절대 그 끈을 이어갈 수 없다. 먼저 말을 걸고, 먼저 행동해 보라. 그리고 마음을 열고 진심으로 다가가라. **내가 다가가는 만큼 상대도 다가온다.** 그렇다고 소매치기에게까지 오픈 마인드는 금물!

내 자신에게 엽서를 보내라

가족이나 친구들에게 보내는 엽서도 좋지만, 나에게 엽서를 써보자. 한국에 와서 엽서를 받아들었을 때 느낌이 매우 새로울 것이다. **나라를 옮길 때나 혹은 도시를 옮길 때마다 엽서를 보내는 것도 좋은 방법.** 나중에 하나로 묶어 모음집으로 만든다면 큰 추억거리가 될 수도 있다.

현지인들이 가는 레스토랑을 이용하라

가이드북에 나와 있는 음식점들은 비싼 것들이 많다. 당연히 주머니 가벼운 여행자에겐 부담이 될 수밖에 없다. 그럴 땐 현지인들이 주로 가는 레스토랑을 이용해볼 것! 쉽게는 숙소 직원에 추천을 해달라고 요청할 수도 있고, 지나가는 사람에게 물어볼 수도 있다. 방법은 많다. 지나가다가 **현지인들로만 북적대는 식당**을 발견한다면, 십중팔구 현지인들이 자주 찾는 맛집이 틀림없다.

높은 곳에 올라가서 봐라

어느 곳을 가게 되건 그곳을 내려다볼 수 있는 높은 곳에 꼭 올라가서 봐라. 아마 아래에서 봤던 세상과는 또 다른 세상이 눈앞에 펼쳐져 있을 것이다. 놓칠 뻔한 멋진 풍경을 감상할 수 있는 경우도 많다. **같은 곳을 다녀와도 남들은 보지 못한 풍경을 보게 될 것이다.**

3. 한층 더 즐거운 여행을 만들려면

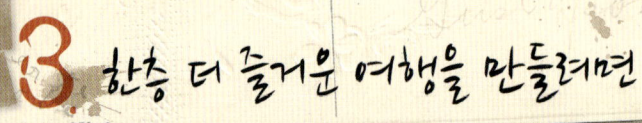

미션을 정하라

미션이라고 해서 거창할 필요는 없다. 나는 하루에 친구 한 명 이상 사귀기, 각 나라의 전통음식 먹어보기, 매일 여행 일기 쓰기였다. 다행히도 세 가지 미션을 모두 완료했기에 여행이 더욱 즐거웠다. 이 밖에도 다양한 미션들이 있을 것이다. 가령, 나라별로 공중전화 사진 찍기, 하루에 카페 한 군데 이상 꼭 들르기, 가는 곳마다 엽서 쓰기 등등. **미션을 정하고 그것을 완수한다면 더 뜻깊은 여행이 될 것이다.**

기념품을 무작정 고르지 말자

기념품을 사는 데에는 다양한 스타일이 있다. 닥치는 대로 마음에 드는 것 고르기, 그 나라를 대표하는 것 고르기 등. 내 경우는 기념품을 살 때 처음부터 '테마'를 정했다. 바로 나무로 만들어진 것 모으기. **기념품 고수(?)들을 보면 아이템을 하나 정해 그것만 모으기도 한다.** 예를 들어, 냉장고 자석 모으기, 소형 건축물 모으기, 머그컵 모으기 등.

사진에도 테마가 있다

내 경우 마음에 드는 곳이 있으면 항상 나오는 포즈가 있었다. 바로 '점프샷'. 심지어 사람 많은 곳에서도 혼자 셀프타이머 맞춰두고 점프샷을 찍기도 했다. **독특한(?) 포즈를 정해놓으면 기억에 남을 만한 사진을 찍을 수 있다.** '소품'을 활용할 수도 있는데, 자신이 아끼는 소품으로 인증샷을 찍을 것. 예를 들어 본인의 신발이 나오는 사진으로 그곳에 다녀갔음을 인증한다던지, 열쇠고리 인형을 대동시켜 찍는다던지. 나중에 이 사진만 따로 모으는 재미가 쏠쏠할 것이다.

사람들에게 나를 기억하게 하라

여행 중 만나는 사람들에게 강렬한(!) 인상을 남기고 싶다면 다른 여행자들과 달라야 한다. 나는 '단소'를 가져가 좋은 사람들을 만나면 우리나라 민요를 들려줄 계획을 세웠다. (하지만 안타깝게도 단소를 집에 두고 오는 불상사가) 나를 기억하게 하고 싶다면 다양한 방법이 있을 것이다. 가령, 매일 한복을 입고 다니며 나를 기억하게 만들 수도 있고, 그 자리에서 폴라로이드로 사진을 찍어 즉석에서 추억을 공유할 수도 있다. **당신의 인상 깊은 행동 하나가 다른 사람들에게 평생 잊지 못할 추억을 선사할 수 있다.**

4 이럴 땐 어떡하나요?

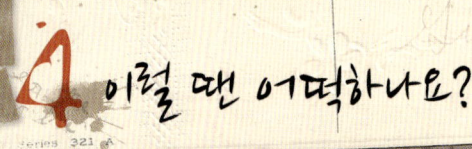

처음에 도착하면 뭐부터 해야 할지 모르겠어요. 어떡하나요?

도시를 이동하여 처음 도착했을 때 필수로 들려야할 곳은 '인포메이션 센터'다. 지도를 쉽게 구할 수 있기 때문이다. **웬만하면 거의 무료지만 가끔 유료인 곳도 있으니 미리 물어볼 것.** 추천 코스를 알려주기도 하니 도움이 많이 될 것이다. 또, 숙소 정보도 쉽게 구할 수 있다. 숙소 예약을 하지 못했는데 호객꾼마저 보이질 않는다면 인포메이션 센터 문을 두드려라. 이 밖에 교통, 축제, 음식점 등도 물어보면 잘 알려주니 반드시 들를 것!

외국 친구를 사귀고 싶은데 맘처럼 안 돼요. 어떡하나요?

첫째, 웃으면서 가벼운 인사부터 시작하라. 무표정은 노노! 무조건 활짝 웃을 것. 둘째, 상대방의 나라에 호감을 표시하라. 예를 들어 프랑스에서 왔다고 하면, **"나 프랑스 좋아해. 파리에 꼭 한 번 가보고 싶어."** 이렇게. 상대방도 마음을 열면서 나에게 호감을 표할 것이다. 셋째, 먹을 것을 같이 나누어 먹어라. 먹을 것을 주는데 싫어하는 사람은 아무도 없다. 가벼운 스낵이나 간식을 하나 건네보아라. 넷째, 같이 구경을 다녀라. 일정을 물어보고 비슷하다면 함께 다니자고 한다. 열에 아홉은 거절하지 않는다. 부대끼는 시간이 많다면 무조건 친해질 수밖에!

이동 시간이 너무 길어서 심심해요. 어떡하나요?

기차를 기다리거나 이동 시간이 길어 시간이 남아돌 때 무지 심심하다. 이럴 때를 대비해서 무언가를 준비해 올 것. 필수품은 mp3 플레이어와 휴대폰 게임! 그러나 가장 유용했던 건 퍼즐 잡지였다. 스도쿠 문제를 풀다보면 저도 모르게 시간이 흘러가 있을 것이다. 아니면 가벼운 책 한 권을 준비해가서 짬짬이 읽어보는 것도 좋다. **무겁고 머리 아프면 짐이 되니 가볍고 술술 읽히는 것으로!**

잔돈이 많이 남았어요. 어떡하나요?

나라를 이동하거나 귀국해야할 때 잔돈이 남는다면 골칫거리다. 큰돈은 재환전할 수 있지만 동전은 재환전이 되지 않는다. 그럴 땐 할인마트에 **가서 물건을 이것저것 사보아라.** 가격이 적혀 있으니 계산하기도 쉽고, 잔돈 처리에는 제격이다. 또 다른 방법으로는 기념품으로 간직하거나, 귀국해서 친구들에게 선물로 주는 것도 좋다.

혼자 떠나는데 사진은 어떡하나요?

혼자 떠나면 가장 아쉬운 부분이 사진 찍기다. 아쉽게도 외국인들은 우리나라 사람처럼 사진을 잘 찍는 사람이 드물다. DSLR 들고 있어 부탁해볼 때도 있지만, 그래도 마음에 들지 않는 경우가 태반. 그럴 때를 대비해 '미니 삼각대'를 챙겨가라. 셀프카메라뿐 아니라 밤에 야경 찍을 때도 매우 유용하다. 참고로, 고정식보다 문어발 삼각대처럼 자유자재로 휘는 것이 훨씬 좋다. 나무에도 걸 수 있고, 고리에도 걸 수 있으니까! **큰 삼각대는 무겁고 짐만 되니 꼭 미니 삼각대를!**